中国民用无人机管理

中国航空学会　组编

主　编　石靖敏

副主编　舒振杰　孙永生

参　编（按姓氏笔画排列）

王华武　邢玉秋　刘　欢　安向阳　杨　亮

杨云川　张　勇　罗　杰　周子龙　郑路遥

俞　笑　陶德汉　黄　泓　梁长琥　彭　鹏

谢禧龙　戴　锐　魏　奥

机械工业出版社

我国是民用无人机生产大国，在无人机领域的规模排在世界前列，且国家高度重视无人机在民用领域的发展。目前我国注册登记的民用无人机数量已经超过百万架，而且仍在不断增长。2023年6月，国务院、中央军委颁布了《无人驾驶航空器飞行管理暂行条例》，此条例的颁布对无人机的发展和管理都有重大的意义。

本书分别从无人机的基本概念与分类，我国无人机产业发展现状，民用无人机管理体系，民用无人机管理部门、职能及管理措施，民用无人机地方性法规政策与管理，无人机标准体系，非政府组织协调管理体系，《无人驾驶航空器飞行管理暂行条例》理解与适用，无人机产业前景与产业发展趋势九个方面系统地介绍了我国民用无人机的管理体系。

本书通俗易懂，为无人机研发制造者，购买使用者，行业监管、培训、服务者了解国家的管理政策法规提供了支撑。本书可供相关从业人员交流学习，也可作为职业院校无人机专业的教材。

图书在版编目（CIP）数据

中国民用无人机管理 / 中国航空学会组编；石靖敏主编 . —北京：机械工业出版社，2023.11
ISBN 978-7-111-74703-1

Ⅰ . ①中… Ⅱ . ①中… ②石… Ⅲ . ①民用飞机 – 无人驾驶飞机 – 航空工业 – 工业发展 – 研究 – 中国 Ⅳ . ① F426.5

中国国家版本馆 CIP 数据核字（2024）第 001653 号

机械工业出版社（北京市百万庄大街 22 号 邮政编码 100037）
策划编辑：侯宪国　　　　　　责任编辑：侯宪国　邵鹤丽
责任校对：马荣华　张　薇　　封面设计：张　静
责任印制：单爱军
北京虎彩文化传播有限公司印刷
2024 年 1 月第 1 版第 1 次印刷
169mm×239mm ·10 印张·198 千字
标准书号：ISBN 978-7-111-74703-1
定价：39.80 元

电话服务　　　　　　　　　网络服务
客服电话：010-88361066　机　工　官　网：www.cmpbook.com
　　　　　010-88379833　机　工　官　博：weibo.com/cmp1952
　　　　　010-68326294　金　书　网：www.golden-book.com
封底无防伪标均为盗版　　机工教育服务网：www.cmpedu.com

顾　　问（按姓氏笔画排列）：

　　　　于　贺　王安永　王里付　曲自洁

　　　　苏新录　陈广承　李　宁　杨　非

　　　　赵晋玉　曾　鸣

策　　划：石靖敏　杨　亮

主　　编：石靖敏

副主编：舒振杰　孙永生

参　　编（按姓氏笔画排列）：

　　　　王华武　邢玉秋　刘　欢　安向阳

　　　　杨　亮　杨云川　张　勇　罗　杰

　　　　周子龙　郑路遥　俞　笑　陶德汉

　　　　黄　泓　梁长虎　彭　鹏　谢禧龙

　　　　戴　锐　魏　奥

作为这本书的提议者，很高兴看到《中国民用无人机管理》即将呈现给读者。

2021年在海南国际无人机系统标准化协会年度技术委员会全体会议期间，石靖敏同志做了《中国民用无人机管理法规政策与产业前景》报告，系统地介绍了我国民用无人机的管理体系。我全程参与了活动，了解了报告的全内容，结合多年来工作的经验，我认为石靖敏同志的报告内容非常丰富，是当前社会上第一个从管理的角度来阐述、推动无人机发展的研究报告。作为行业发展的基础，管理理念对整个无人机体系的发展非常重要，因此建议以该报告内容为主，出版一本介绍中国民用无人机管理的书，介绍国家对民用无人机的管理政策和法规。

石靖敏同志长期在政府机关从事航空工业行业管理工作，工作期间负责过通用飞机无人机的产业发展和管理政策的研究制定，是民用无人机分类分级标准的提出者，同时也是民用无人机安全性要求标准提议者。作为一个参与了我国民用无人机政策法规体系建立全过程的亲历者，她来牵头编撰这样一本从管理角度介绍中国民用无人机的书应该是最合适不过的了。

无人机是航空领域中最有发展潜力的产品，我国注册登记管理的无人机已经超过百万架，并仍在不断地快速增长，无人机场景的应用越来越多，改变着军事作战和人民生产生活。随着我国科技与经济的快速发展，无人机已经成为全社会共同关注的重要领域，成为我们引领国际规则制定的重要方面。

国务院、中央军委联合颁布了《无人驾驶航空器飞行管理暂行条例》，将于2024年1月1日起开始实施，中国的民用无人机将迎来规范有序、健康发展的新时代。本书的出现将对读者了解国家民用无人机管理政策法规提供辅助支撑，助力更多热爱航空的人士参与到这个事业中来。

希望社会上能有更多的人通过对本书的了解，关注无人机的发展，为建设航空强国，为早日实现中华民族伟大复兴贡献新的智慧与力量。

很高兴收到《中国民用无人机管理》书稿，并荣幸受邀为该书写序。

民用无人机是航空产业内的新兴领域。目前我国注册登记的民用无人机数量已经超过百万架，而且仍在不断增长。民用无人机的研发制造者，购买使用者，行业监管、培训、服务者都需要了解国家的管理政策，以使产业健康、快速、有序发展。《中国民用无人机管理》一书，系统介绍了民用无人机相关国家管理政策、法律、法规和国家各部委在民用无人机管理中的责任，并重点介绍了《无人驾驶航空器飞行管理暂行条例》的具体内容。

《中国民用无人机管理》由中国航空学会组稿、中国航空综合技术研究所、中国人民公安大学低空安全研究中心、中国航空工业发展研究中心合作编写。中国航空学会科技咨询工作委员会副主任石靖敏女士是中国航空学会通用飞机及无人机的首席专家，她曾任工业和信息化部装备工业司副巡视员，长期参与通用航空和无人机领域相关政策法规的研究制定工作，参与了《无人驾驶航空器飞行管理暂行条例》法规起草工作，也是民用无人机分类分级和民用无人机安全性要求两项标准的提出者。中国航空综合技术研究所舒振杰副总师是中国航空研究院首席专家、俄罗斯自然科学院外籍院士、ISO TC20/SC16/WG5 召集人、SAC TC435/SC1 全国航空器标准化技术委员会无人驾驶航空器系统分技术委员会秘书长，长期从事国际国内无人机标准化相关工作，主持全国无人机标准体系建设规划指南和民用无人机分级分类国际标准及系列国家标准制定工作，参与《无人驾驶航空器飞行管理暂行条例》法规起草工作。公安大学低空安全研究中心孙永生主任，长期从事低空安全领域研究，也参与过《无人驾驶航空器飞行管理暂行条例》立法工作，并牵头起草公安部相关文件。中国航空工业发展研究中心航空科技战略与系统工程研究所俞笑所长也高度关注无人机产业发展，多年来持续跟踪国内外无人机技术、产品和政策发展。他们把长期的工作积累和辛勤付出无私地用书稿的方式呈现给大家，既有意义也有价值！

为了规范无人机飞行以及有关活动，促进无人机产业健康有序发展，维护航空安全、公共安全、国家安全，2023 年 6 月国务院、中央军委联合颁布了《无人驾驶航空器飞行管理暂行条例》，2024 年 1 月 1 日起实施。《中国民用无人机管理》一书的出版，有益于读者对国家无人机管理政策的了解，也是对相关管理政策的宣传科普。

随着无人机领域法规、制度、标准逐渐完善，未来无人机产业将成为国家经济新的增长点。相信《中国民用无人机管理》的出版将会助力民用无人机产业发展。

中国工程院院士　刘大响

无人机系统是当今世界航空工业最具活力的发展领域，也是被认为最有发展潜力的航空产品。民用无人机突破了传统的航空领域范畴，展现了全新的应用潜力，开辟了航空业新的发展领域与竞争赛道。民用无人机数量规模爆发式的增长，消费级及工业级应用场景及飞行模式的不断更新，已经进入适航阶段的多种载人级无人机，都使得世界范围内用于传统民航管理的技术、设施、法规、制度措手不及。对无人机安全性的认证和监管以及相应的法规标准已经成为整个民用航空业面临的新课题。

经常有人问我，无人机归谁管？

实际上，对无人机的管理，国家各部委按照各自的职责，实施不同的管理措施。最新颁布的《无人驾驶航空器飞行管理暂行条例》（以下简称《暂行条例》）明确规定了有关部委、地方政府、行业协会等在无人机管理中的具体责任，确定了安全第一、服务发展、协同监管的原则。本书介绍的就是国家民用无人机管理体系和管理措施。

也想说一下，为何要写一本有关中国无人机管理的书。

我于1982年初毕业于西北工业大学，先后在航空工业部、航空航天工业部、中国航空工业集团有限公司、国防科学技术委员会和工业和信息化部工作。近三十年的政府机关工作经历，都是从事航空工业的行业管理，持续参与了国家多项有关航空工业规划、政策、法规的制定工作。在2014年制定《暂行条例》的初期，组织开展民用无人机标准制定工作，提出了制定民用无人机分类分级标准和民用无人机安全性要求标准的提议。2018年退休后，到中国航空学会任科技咨询工作委员会副主任，受聘为中国航空学会通用飞机无人机首席专家，使我有机会从更广泛的角度接触到更多民用无人机的信息。

没想过要出一本书。2021年，参加海南国际无人机系统标准化协会年度技术委员会全体会议期间，我应邀做了《中国民用无人机管理法规政策与产业前景》报告。国际无人机系统标准化协会名誉理事长李明院士，听了我的报告后，建议我写一本有关国家对民用无人机管理的书。之后我经过调研发现，市场上有关无人机的书很多，但是绝大多数都是技术类书籍，确实没有看到专门介绍国家民用无人机管理政策法规的书，也了解到一些从业者也希望能有此类书。

没有写过书，不知道如何涉足这个新领域。2022 年在第二届人民安防（北京八达岭）低空安全峰会期间，会议提供的资料中，有些是有关无人机的书籍，其中有位作者是我熟识的中国人民公安大学低空安全研究中心孙永生主任。与孙主任谈起无人机管理书籍出版的设想，期望能与孙主任合作。孙主任非常支持，并联系了机械工业出版社的同志一同开始策划。中国航空综合技术研究所长期开展全国无人机标准体系建设规划指南以及各级各类标准牵总工作，舒振杰副总师贡献了大量长期工作中积累的研究成果。中国航空工业发展研究中心前沿技术研究所多年来持续跟踪国内外无人机技术、产品和政策发展。我找到俞笑所长，希望支持该书的编写。俞所长非常支持，并派人参加编写组的工作。有了大家的支持，终于下决心启动了书稿编写工作。

《中国民用无人机管理》由中国航空学会、中国航空综合技术研究所、中国人民公安大学、中国航空工业发展研究中心有关研究人员共同编写。

本书通过公开资料整理，主要介绍了民用航空产品在技术、产品、产业等方面的发展环境和政策需求，民用无人机与军用无人机的国家管理政策差异，民用无人机管理法律法规，民用无人机管理的政策体系，国家各部委对民用无人机管理的职责和管理措施，民用无人机标准制定情况，中国发展民用无人机的主要优势与面临的挑战，民用无人机技术与产品发展趋势以及产业前景展望等。本书中，列举的除部分各部委发布的规章及政策外，国家法律法规规章截至 2023 年 6 月，国务院及各部委发布的政策截至 2023 年 1 月 1 日，地方性法律法规及政策截至 2023 年 6 月。

《暂行条例》在起草过程中，无论是对于条例名称还是具体条款，起草组各位成员都本着对历史负责、从国家大局出发提出不同见解，通过反复讨论，多次修改，终于形成了初稿。正是这样的经历，起草组各位成员结下深厚友谊。编委会成立后，我联系当年"并肩战斗"的起草组各位成员，大家都欣然答应担任本书顾问，认真审阅书稿并提出许多宝贵意见。我们在此表示感谢。

本书共九章，全书由副主编舒振杰、孙永生统稿，主要作者与写作分工如下：

前　言：石靖敏

第 1 章：郑路遥、俞笑、梁长虎

第 2 章：邢玉秋、俞笑、梁长虎

第 3 章：石靖敏、罗杰

第 4 章：戴锐、刘欢、舒振杰、魏奥

第 5 章：罗杰、安向阳

第 6 章：张勇、黄泓、舒振杰、陶德汉

第 7 章：王华武、杨云川、彭鹏

第 8 章：石靖敏

第 9 章：石靖敏、杨亮

结　语：孙永生、周子龙、谢禧龙

期望本书对有意了解中国民用无人机管理和发展情况的机构和组织、政府机关相关行业管理者、有意愿进入这个行业的企业以及从业者、在校学生和广大爱好者群体有所帮助。另外，本书还附有《无人驾驶航空器飞行管理暂行条例》，供读者参考。

然而，由于多种原因，我们的书稿仍有不少缺憾。或许，"书不尽言，言不尽意"就是这个意思吧。尽管我们做了很大的努力，但书中仍可能存在某些不妥、不足甚至谬误，我们真诚欢迎各位专家和读者的批评指正。期望本书对有意了解中国民用无人机管理和发展情况的机构和组织、政府机关行业管理者、有意愿进入这个行业的企业及从业者、在校学生和广大爱好者群体有所帮助。

最后，感谢中国航空学会、中国航空工业发展研究中心、中国航空综合技术研究所、中国人民公安大学！感谢本书的各位编委！

石靖敏

2023 年 9 月 18 日

序一
序二
前言

第 1 章　无人机的基本概念与分类　　　　　　　　　　　　1

1.1　无人机的定义与特点　　　　　　　　　　　　　　　1

1.1.1　国际民航组织的定义　　　　　　　　　　　　1

1.1.2　国内对无人机和无人驾驶航空器的定义　　　2

1.1.3　无人机相关概念的理解　　　　　　　　　　3

1.1.4　航空模型的定义　　　　　　　　　　　　　4

1.1.5　无人机的特点　　　　　　　　　　　　　　4

1.2　无人机的分类与分级　　　　　　　　　　　　　　5

1.2.1　国际标准中民用无人机的分类分级　　　　　5

1.2.2　国家标准中无人机的分类分级　　　　　　　6

1.2.3　基于运行风险的无人机及系统类型划分　　　7

1.3　无人机驾驶员的证照管理分类　　　　　　　　　　7

1.3.1　中国民用航空局规定的分类标准　　　　　　8

1.3.2　无人机执照与资质证书种类　　　　　　　　9

1.4　民用与军用无人机管理上的差异　　　　　　　　　9

1.4.1　行业准入差异　　　　　　　　　　　　　　10

1.4.2　研发目标与特点差异　　　　　　　　　　　10

1.4.3　产品投资与研发能力差异　　　　　　　　　10

1.4.4　合格鉴定规则差异　　　　　　　　　　　　11

1.4.5　生产销售方式差异　　　　　　　　　　　　11

1.4.6　使用管理差异　　　　　　　　　　　　　　11

1.4.7　进出口规则差异　　　　　　　　　　　　　11

第 2 章　我国无人机产业发展现状　　　13

2.1　民用无人机的发展特点　　　13
  2.1.1　产品发展特点　　　13
  2.1.2　产业发展特点　　　14

2.2　民用无人机发展数据统计　　　15
  2.2.1　飞行器数据　　　15
  2.2.2　驾驶员数据　　　15
  2.2.3　飞行小时数据　　　15
  2.2.4　制造业数据　　　16
  2.2.5　我国民用无人机产值及订单数据　　　18
  2.2.6　企业数据　　　18
  2.2.7　美国 FAA 公布的无人机数据　　　19

2.3　中国民用无人机的国际影响　　　19
  2.3.1　产品影响　　　20
  2.3.2　标准制定影响　　　20
  2.3.3　组织影响　　　20

2.4　中国民用无人机的管理现状　　　20
  2.4.1　管理规则　　　20
  2.4.2　行业组织　　　21

第 3 章　民用无人机管理体系　　　22

3.1　无人机与有人机产业运行特点与差异　　　22
  3.1.1　运行范围和规则差异　　　23
  3.1.2　运行场景和产业成熟程度差异　　　23
  3.1.3　基础设施和监管规则体系差异　　　23
  3.1.4　管理范畴上的差异　　　23

3.2　航空产品不同阶段的政策环境需求　　　25

3.3　国家对行业管理的基本架构　　　28

3.4　国家关于民用无人机管理的法律　　　29

3.4.1 《中华人民共和国民用航空法》 29

3.4.2 《中华人民共和国治安管理处罚法（修订草案）》 29

3.5 国家关于民用无人机管理的法规 30

3.5.1 《中华人民共和国飞行基本规则》 30

3.5.2 《通用航空飞行管制条例》 30

3.5.3 《中华人民共和国民用航空器适航管理条例》 31

3.5.4 《无人驾驶航空器飞行管理暂行条例》 31

3.6 民用无人机管理的相关部门规章 31

3.7 民用无人机管理的相关国家政策 32

3.7.1 国务院发布的规划政策 32

3.7.2 部委发布的鼓励政策 33

3.7.3 部委发布的规划政策 33

3.7.4 部委发布的其他政策 34

第 4 章　民用无人机管理部门、职能及管理措施 36

4.1 工业和信息化主管部门 36

4.1.1 无人机生产制造管理 36

4.1.2 无线电电子信息管理 38

4.1.3 相关行业标准制定 39

4.2 民用航空主管部门 40

4.2.1 驾驶员管理 40

4.2.2 实名登记 41

4.2.3 适航审定 41

4.2.4 运行管理 42

4.2.5 空域管理 43

4.2.6 试验基地建设 45

4.2.7 发展线路图规划 45

4.2.8 法规标准体系构建指南 46

4.3 交通运输主管部门 47

4.4 公安机关 47

4.5　教育主管部门　　　　　　　　　　　　　　　　　49

4.6　人力资源和社会保障部　　　　　　　　　　　　　50

4.7　农业农村主管部门　　　　　　　　　　　　　　　51
　　4.7.1　设定植保无人机飞行标准　　　　　　　　　51
　　4.7.2　制定农用无人机用户补贴政策　　　　　　　51
　　4.7.3　加强植保无人机技术创新应用　　　　　　　51

4.8　市场监督管理部门　　　　　　　　　　　　　　　52
　　4.8.1　组织标准制定、发布　　　　　　　　　　　52
　　4.8.2　认定、评定无人机检验鉴定机构　　　　　　53

4.9　中国人民解放军空域管理部门　　　　　　　　　　53
　　4.9.1　现行规定　　　　　　　　　　　　　　　　53
　　4.9.2　改革探索　　　　　　　　　　　　　　　　54

第 5 章　民用无人机地方性法规政策与管理　　　　　56

5.1　地方政府在无人机管理中的责任　　　　　　　　　56

5.2　各省市地方政府颁布的无人机管理法律法规　　　　57
　　5.2.1　四川省　　　　　　　　　　　　　　　　　58
　　5.2.2　新疆维吾尔自治区　　　　　　　　　　　　58
　　5.2.3　广东省　　　　　　　　　　　　　　　　　58
　　5.2.4　浙江省　　　　　　　　　　　　　　　　　58
　　5.2.5　海南省　　　　　　　　　　　　　　　　　59
　　5.2.6　湖南省　　　　　　　　　　　　　　　　　59
　　5.2.7　重庆市　　　　　　　　　　　　　　　　　59
　　5.2.8　深圳市　　　　　　　　　　　　　　　　　59
　　5.2.9　厦门市　　　　　　　　　　　　　　　　　60
　　5.2.10　济南市　　　　　　　　　　　　　　　　60

5.3　地方政府的民用无人机产业规划政策　　　　　　　60
　　5.3.1　广东省　　　　　　　　　　　　　　　　　61
　　5.3.2　江西省　　　　　　　　　　　　　　　　　61
　　5.3.3　云南省　　　　　　　　　　　　　　　　　61

5.3.4　吉林省　　　　61

5.3.5　天津市　　　　62

5.3.6　上海市　　　　62

5.3.7　深圳市　　　　62

5.3.8　成都市　　　　62

5.4　地方政府发布的民用无人机产业鼓励政策　　　　63

5.4.1　湖北省　　　　63

5.4.2　安徽省　　　　63

5.4.3　成都市　　　　63

5.4.4　深圳市　　　　64

5.5　地方政府实施的民用无人机监管措施　　　　64

5.5.1　地方政府颁布的无人机管理实施办法　　　　64

5.5.2　地方政府构建的无人机综合监管实验平台　　　　65

第6章　无人机标准体系　　　　66

6.1　国际上主要民用无人机标准组织和标准制定情况　　　　66

6.1.1　国际标准化组织 ISO　　　　67

6.1.2　国际电工委员会 IEC　　　　68

6.1.3　国际电信联盟 ITU　　　　69

6.1.4　电气电子工程师学会 IEEE　　　　69

6.1.5　美国材料与试验协会 ASTM　　　　70

6.1.6　英国标准协会 BSI　　　　72

6.1.7　德国标准化学会 DIN　　　　72

6.2　国内民用无人机标准总体情况　　　　73

6.2.1　标准的法律法规和规章　　　　73

6.2.2　国内主要民用无人机标准组织和标准制定情况　　　　75

6.2.3　无人驾驶航空器系统标准体系建设指南（2017—2018 年版）　　　　77

6.2.4　无人驾驶航空器系统标准体系建设指南（2021 年版）　　　　77

6.3　国内已经制定的民用无人机的标准情况　　　　78

6.3.1　国家标准　　　　78

6.3.2　行业标准　　　　80

6.3.3　地方标准　　　　82

6.3.4　团体标准　　　　　　　　　　　　　　　　　　　83

第 7 章　非政府组织协同管理体系　　　　　　　　86

7.1　国际民用无人机主要组织和职能　　　　　　　　86
　　7.1.1　无人系统规则制定联合体（JARUS）　　　86
　　7.1.2　国际无人机系统标准化协会（UASA）　　　88
　　7.1.3　国际民航组织对于民用无人机制定的相关规则　　90

7.2　国内民用无人机的主要行业协会、联盟　　　　　91
　　7.2.1　中国航空器拥有者及驾驶员协会　　　　　91
　　7.2.2　中国无人机产业创新联盟　　　　　　　　92
　　7.2.3　全国各省成立无人机行业协会情况　　　　93

7.3　政府认可的无人机检测机构　　　　　　　　　　94

第 8 章　《无人驾驶航空器飞行管理暂行条例》理解与适用　　97

8.1　管理部门　　　　　　　　　　　　　　　　　　97

8.2　新制度性设计与管理创新　　　　　　　　　　　98
　　8.2.1　三个重要的新制度性设计　　　　　　　　98
　　8.2.2　三个管理创新　　　　　　　　　　　　　99

8.3　管理范围和适用规定以及例外情况　　　　　　　100

8.4　无人机管理的分类分级　　　　　　　　　　　　101

8.5　无人机一体化综合监管平台　　　　　　　　　　103

8.6　制造者要求　　　　　　　　　　　　　　　　　104
　　8.6.1　民用无人机合格认定要求和更改性能后的管理办法　　104
　　8.6.2　识别码、激活码、安全警示要求等　　　　104
　　8.6.3　无人机设计生产应符合的运行管理要求　　105

8.7　使用者要求　　　　　　　　　　　　　　　　　105
　　8.7.1　无人机使用者和登记要求　　　　　　　　105
　　8.7.2　操控员执照要求　　　　　　　　　　　　106

8.7.3　经营的运行合格证要求　　107

8.7.4　保险要求　　107

8.7.5　飞行活动申请及信息报送　　107

8.8　空域划设及飞行要求　　109

8.8.1　管制空域和适飞空域　　109

8.8.2　必须申请的飞行情况　　110

8.8.3　隔离与融合飞行要求　　110

8.8.4　飞行规范和避让规则　　110

8.8.5　应急处置及飞行安全管理　　111

8.8.6　禁止行为　　111

8.8.7　其他规定和要求　　111

第9章　无人机产业前景与产业发展趋势　　112

9.1　我国发展民用无人机的优势　　112

9.1.1　政府出台无人机管理专项法规，促进和规范民用无人机
产业发展　　112

9.1.2　具备国际领先的电子信息技术和无人机研发能力　　112

9.1.3　具备完善的航空产品配套体系，有自主适用的航空器及
系统设计技术　　113

9.1.4　完整的航空教学和人才培训体系，为无人机研发提供了
人才支撑　　113

9.1.5　市场需求大，有大量的领先使用场景积累和使用数据积累　　113

9.1.6　新型民营高技术企业多、机制灵活，市场反应快　　113

9.1.7　"一带一路"倡议给中国民用无人机产品走向世界增加了机遇　　114

9.2　中国发展民用无人机的主要挑战　　114

9.2.1　民用无人机管理法规标准制定滞后于无人机技术和
产品发展　　114

9.2.2　低空空域使用及服务保障无法满足产业发展的需求　　114

9.2.3　用于民用无人机运行监管的新型组织体系有待建立　　115

9.2.4　大中型无人机产品性能和售后服务与支援能力有待提升　　115

9.2.5　民用无人机领域社会组织的能力和行业服务水平有待提升　　116

9.3　民用无人机产业未来发展趋势　　116

9.3.1 消费级娱乐类 116
9.3.2 工业级商用类 117
9.3.3 载人级运营类 117
9.3.4 航空器研发与制造企业 117
9.3.5 培训与保险 118
9.3.6 行业协会 118
9.3.7 技术应用和场景拓展 118
9.3.8 国际化发展 119
9.4 无人机产业发展的建议 119
9.4.1 有关《暂行条例》贯彻落实的建议 119
9.4.2 关于管理组织体系创建的建议 120
9.4.3 完善国家航空法规体系的建议 121
9.4.4 其他建议 122

附 件 无人驾驶航空器飞行管理暂行条例 125

第一章 总则 125

第二章 民用无人驾驶航空器及操控员管理 126

第三章 空域和飞行活动管理 128

第四章 监督管理和应急处置 132

第五章 法律责任 133

第六章 附则 135

结语 138

无人机的基本概念与分类

人类对飞行梦想的追求和不断进步的科技给予了我们探索天空的动力，随着社会的发展，我们头顶的天空已经不只是飞鸟和有人驾驶航空器的领地，无人机的数量已经远远超过有人驾驶航空器的数量，且社会使用需求广泛涌现，带动无人机数量不断增加。

民用无人机规模数量爆发式的增长，对世界范围内传统民航管理方式造成极大冲击，在技术、设施、法规、制度等方面的缺失，使得无人机安全性的认证和监管以及相应的法规标准成为整个民用航空业面临的新课题。本章将对无人机的定义、特点、分类分级方式、管理等方面的概念进行介绍。

由于国内外对无人驾驶航空器、无人机的概念存在多个方向上的解读，本书主要讨论无人机的发展，部分引用文件中存在的"无人机""无人驾驶航空器"等多种表述方式完全按照文件写法，但均讨论的是无人机。

本章将对无人机相关概念及其分类做简要介绍。首先，本章对无人机的国内外定义等不同标准做比较并提出编者的观点，同时总结了诸多无人机的特点；其次，本章对无人机的分类分级管理及操控员管理做了简要介绍；最后，本章对民用与军用无人机的产品及产业模式进行了对比。

1.1　无人机的定义与特点

国际上不同国家及组织对行业术语的定义有各自的方式，例如国际民航组织（ICAO）将"通用航空"定义为除商业运营及高空作业以外的民用航空，而我国在《中华人民共和国民用航空法》中将"通用航空"定义为除军事、警务、海关缉私飞行和公共航空运输飞行以外的航空活动。不同国家及组织对无人机的相关术语定义也有所差异，本节将介绍国际民航组织对无人机的定义和国内对无人机的认定、表述和解释。

1.1.1　国际民航组织的定义

2012 年国际民航组织（ICAO）328 号通告中对相关无人机的概念进行了描述。

其中"无人驾驶航空器（Unmanned Aircraft）"被定义为"旨在运行中无机上驾驶员的航空器（An aircraft which is intended to operate with no pilot on board）"；"无人驾驶航空器系统（Unmanned Aircraft System）"则被定义为"飞行器本体及相关部件运行时无机上驾驶员的飞行器（An aircraft and its associated elements which are operated with no pilot on board）"。

2015年国际民航组织印制了《遥控驾驶航空器系统手册》（10019号文件），该手册把遥控航空器（Remotely Piloted Aircraft）作为管理对象，研究了无人驾驶航空器分类，并做了分类图，如图1-1所示。

从以上两个文件可以看出，国际民航组织定义的无人驾驶航空器（Unmanned Aircraft）、遥控航空器（Remotely Piloted Aircraft）、自主航空器（Autonomous Aircraft）、模型航空器（Model Aircraft）等名称非常清晰，各概念之间主从、并列关系明确。无人驾驶航空器为包含但不限于遥控驾驶航空器、自主航空器、模型航空器的根概念。

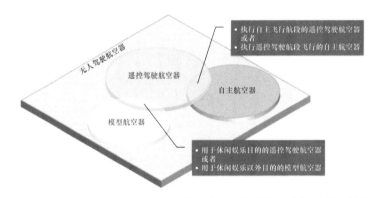

图1-1　2015年版《遥控驾驶航空器系统手册》做的无人驾驶航空器分类

1.1.2　国内对无人机和无人驾驶航空器的定义

我国现行法律法规及新华词典等工具书中均未出现无人驾驶航空器概念，但从各类翻译有关政策规章的材料中可以看出国内普遍认同国际民航组织对其的定位及解释，即无人驾驶航空器是航空器中的一种类型，是相对于有人驾驶航空器概念存在的。

无人机则是已经沿袭了几十年的概念。从国内应用和管理来说，无人机是无人驾驶航空器的一个子概念。

2016年中国民用航空局飞行标准司发布的《轻小型无人机运行管理规定》提出：无人机是由控制站管理（包括远程操纵或自主飞行）的航空器。

2019年中华人民共和国工业和信息化部在《民用无人机生产制造管理办法（征求意见稿）》第四条中指出：本办法所指民用无人机，是指动力驱动、具备位置保持飞行功能的无人驾驶航空器。

2021 年中国民用航空局发布的《民用无人驾驶航空器操控员管理规定》中，无人机（UA: Unmanned Aircraft）是指没有机载操控员操控，自备飞行控制系统，并由遥控台（站）管理的航空器。

2023 年 6 月由国务院、中央军委颁布的《无人驾驶航空器飞行管理暂行条例》（以下简称《暂行条例》）中，"无人驾驶航空器"被解释为：没有机载驾驶员、自备动力系统的航空器。（很遗憾，该条例并未出现"无人机"字样或对"无人机"进行解释和定义）。

综上所述，在国内的管理政策中无人机、无人驾驶航空器的概念是基于管理范畴中使用的表述性词语，并随着相关产业的发展不断延伸。总体来说，我国政策中的定义与国际民航组织中的定义正在趋于相同。

1.1.3　无人机相关概念的理解

中国航空学会名誉副理事长张聚恩先生在其文章《关于无人驾驶航空器和无人机之间逻辑关系的八点认知》中，对无人驾驶航空器和无人机两个概念含义进行了归纳定义，如图 1-2 所示。

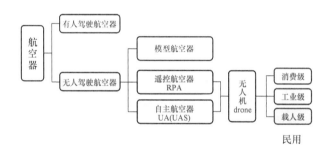

图 1-2　无人机与无人驾驶航空器之间的逻辑关系

如图 1-2 所示，无人机是除航空模型之外遥控航空器和自主航空器的统称。我国使用无人机的概念由来已久，是几十年来已经被社会各界普遍认同且极具中国特色的用语。

实际上，国内外普遍认为，无人驾驶航空器的概念是相对于有人驾驶航空器的概念而存在，无人驾驶航空器的子概念包括遥控航空器、自主航空器、模型航空器、浮空器等。其内涵和外延国际民航组织已给出较科学界定，有关成员国家普遍认同。

民用无人机一般分为三大类，即消费级、工业级、载人级。目前消费级主要是娱乐类，是利用拍照信息传输等功能为个人娱乐所用或是设定一些简单的竞技任务；工业级商用类，主要是利用图像信息传输、携带物品运输和抛洒等功能进行管线巡检、森林防火、国土测绘、灾害救援、快递投送、农业植保、警用执法等商业用途；载人级运营类，未来将应用于城市城际空运及观光等场景，作为未来立体交通的一部分发挥作用。三类产品因其使用场景不同，任务复杂度不同，其安全要求和社会监管要求也差异较大。后文将详述国家对不同类别无人机的监管要求。

1.1.4　航空模型的定义

航模是一种在航空体育运动中大规模出现的飞行器，人们一般将多轴飞行器称为无人机，而将固定翼模型称为航模。实际上，航空模型有明确的定义。航空模型即模型航空器，一般不带有任务系统，主要用于飞行竞技和比赛。本书所讲的管理内容不对模型航空器的管理进行细致介绍。

《暂行条例》第六十二条第十三款对航空模型的定义是：模型航空器，也称航空模型，是指重于空气、有尺寸和重量限制、不能载人，不具有高度保持和位置保持飞行功能，不携带非体育运动用途任务载荷的无人驾驶航空器，分为自由飞、线控、直接目视视距内不间断遥控、借助第一视角人工不间断遥控的模型航空器等。

航空模型由国家体育总局牵头制定管理规则。《暂行条例》第六十条明确：模型航空器的分类、生产、登记、操控人员、航空飞行营地等事项的管理办法，由国务院体育主管部门会同有关空中交通管理机构，国务院工业和信息化、公安、民用航空主管部门另行制定。

航空模型强调动手制作和持续操纵，通常被禁止从事经营活动。其制造管理、成品质量管理相对简单，通常也无须实名登记管理，驾驶资质和无线电管理也相对简单，不涉及国籍登记问题，完全属于国内法律规范事项，由国家体育部门会同有关部门管理。民用无人机管理与航模管理不同，无人机管理注重全生命周期和全流程监管，涉及生产制造、产品质量、注册登记、驾驶资质、空域申请、空中飞行、改造改装、进出口等内容，部分无人机还需国籍登记，需要军方、民航会同工业、公安、市场监管、商务、海关等多部门联合监管。

1.1.5　无人机的特点

无人机的特点主要有无机载驾驶人员、具有完整的无人飞行控制系统、执行特定任务并具备相关能力，但微型无人机功能相对简单。

1. 无机载驾驶人员

无人机研发的初衷是在战争中执行各种高风险任务，可以通过地面的程序控制指令代替飞行员操纵飞机，避免飞行员的伤亡，如在战场中执行轰炸任务、侦查任务以及放射性物质实验取样等。其中与有人飞机最重要的区别特征是无机载驾驶人员。

2. 完整的无人飞行控制系统

无人飞行控制系统又称为远程驾驶航空器系统，主要包括：驾驶员与空管单位通信的设备和性能、指挥与控制链路及其性能参数和覆盖范围、驾驶员和观测员之间的通信设备和性能、导航和监视设备及性能。无人飞行控制系统的组成能够使无人机在执行任务中保持飞行的稳定性、数据传输的准确性、能量来源的持续性和发射回收的安全性。

3. 执行特定任务并具备相关能力

无人机为完成一定的任务或者目标，具有相关的任务载荷设备。现有的民用无人机任务载荷包括但不限于摄像头、传感器、抛洒装置、货物存储仓、通信设备吊舱等。

此外，目视视距内飞行是指驾驶员或观测员与无人驾驶航空器保持直接目视视觉接触的运行方式。直接目视视觉接触的范围为：人、机相对高度 120 米以下；距离不超过驾驶员或观测员视线范围或最大 500 米半径的范围，两者中取较小值。超目视视距飞行是指无人驾驶航空器在目视视距以外的运行方式，即可通过远程监视操控飞行，也可通过通信中继基站操控飞行，在部分情形下也可实现无人机的视距外自主飞行。

1.2　无人机的分类与分级

在不同种类无人机相继涌现的发展期间，一些国际组织和不同国家都对无人机及其系统做出了基于不同准则的分类和分级方式，本章将对其中的重要部分进行介绍。

1.2.1　国际标准中民用无人机的分类分级

2020 年国际标准化组织（ISO）发布的《民用无人驾驶航空器系统分类及分级》（ISO 21895 : 2020），是国际标准化组织发布的第二项民用无人机领域的国际标准，是由我国主导的第一项无人机领域国际标准。

无人驾驶航空器系统研发制造成本低、操纵使用方便、使用效率高，近年来发展迅猛。航空航天器技术委员会（ISO/TC 20）于 2015 年组建了无人驾驶航空器系统分技术委员会（SC 16），开展无人机国际标准制定，美国担任秘书处。

国际标准化组织（ISO）根据无人驾驶航空器最大起飞重量将其分为 6 级（见表 1-1），并根据其构型分为 12 类，包括：a）固定翼、b）滑翔机、c）直升机（单轴）、d）多轴飞行器、e）旋翼机、f）滑翔伞、扑翼机及其他仿生飞行器、g）除直升机与多轴飞行器外的垂直起降飞行器、h）飞艇、i）系留或自由气球、j）系留重于空气飞行器（如风筝）、k）浮空器、l）其他。

表 1-1　ISO 21895 : 2020 根据最大起飞重量对无人驾驶航空器的分级

级别	最大起飞重量 / 千克
Ⅰ	0 ~ 0.25
Ⅱ	0.25 ~ 0.9
Ⅲ	0.9 ~ 4
Ⅳ	4 ~ 25
Ⅴ	25 ~ 150
Ⅵ	>150

1.2.2 国家标准中无人机的分类分级

《民用无人驾驶航空器系统分类及分级》（GB/T 35018—2018）是我国对民用无人机进行分类分级的国家标准（见图 1-3）。

图 1-3 《GB/T 35018—2018》国标

根据该标准内容，按照空机重量、飞行高度、飞行速度等要素将无人机分为微型无人机、轻型无人机、小型无人机、中型无人机以及大型无人机五种类型。按照平台构型将无人机分为固定翼、直升机、多旋翼及其他（含伞翼、扑翼、倾转旋翼、混合机构等）。

按照起飞重量，民用无人机分为Ⅰ、Ⅱ、Ⅲ、Ⅳ、Ⅴ级，见表 1-2。

表 1-2 按空机重量或最大起飞重量分级

级别	空机重量 /kg	最大起飞重量 /kg
Ⅰ	0 < 空机重量 ≤ 0.25	0 < 最大起飞重量 ≤ 0.25
Ⅱ	0.25 < 空机重量 ≤ 4	0.25 < 最大起飞重量 ≤ 7
Ⅲ	4 < 空机重量 ≤ 15	7 < 最大起飞重量 ≤ 25
Ⅳ	15 < 空机重量 ≤ 116	25 < 最大起飞重量 ≤ 150
Ⅴ	116 < 空机重量	150 < 最大起飞重量

此外，基于设计的使用高度及最大真空速，该标准将无人机分为 6 个级别，见表 1-3。

表 1-3　按设计使用高度及最大真空速分级

级别	设计使用高度	最大真空速
Ⅰ	最大设计使用高度 ≤ 20m（相对高度）	最大真空速 ≤ 50km/h
Ⅱ	20m ＜ 最大设计使用高度 ≤ 50m（相对高度）	50km/h＜ 最大真空速 ≤ 120km/h
Ⅲ	50m ＜ 最大设计使用高度 ≤ 120m（相对高度）	120km/h＜ 最大真空速 ≤ 367.5km/h（0.3Ma）
Ⅳ	120m ＜ 最大设计使用高度 ≤ 600m（相对高度）	367.5km/h＜ 最大真空速 ≤ 980km/h（0.8Ma）
Ⅴ	600m ＜ 最大设计使用高度 ≤ 3000m（相对高度）	980km/h＜ 最大真空速 ≤ 1470km/h（1.2Ma）
Ⅵ	最大设计使用高度 ＞3000m（相对高度）	最大真空速 ＞1470km/h（1.2Ma）

注：Ma 为马赫数，是用来描述物体运动速度与声波传播速度之间关系的无量纲物理量。

1.2.3　基于运行风险的无人机及系统类型划分

基于无人机运行风险而进行的划分并非由我国民航管理机构首先创建。2015年国际无人系统规则制定联合体（JARUS）提出无人机运行管理可分为开放类、特定类和审定类。2019 年欧洲航空安全局（EASA）发布 EU2019/945 法规及其附件，正式将无人机运行分为开放类、特许类和审定类三个类别。

虽然我国现行法律文件和标准中并无按照运行风险对无人机的分类，但相关机构已经开始制定相关分类分级方式。根据中国民用航空局 2023 年发布的《民用无人驾驶航空器运行安全管理规则（征求意见稿）》（CCAR—92 部），民用无人驾驶航空器的运行按照面向运行场景、基于运行风险、分级分类管理的原则，分为开放类、特定类和审定类三类运行方式。此外，针对适航管理中型号认定，拟将无人驾驶航空器系统分为正常类、运输类、限用类。按照规定，正常类无人驾驶航空器系统是除运输类无人驾驶航空器系统外，最大审定起飞重量为 25 千克及以上，可用于载人飞行、进行融合飞行或在人口密集区域上方飞行的无人驾驶航空器系统；运输类无人驾驶航空器系统是最大审定起飞重量为 5700 千克（固定翼）或 3180 千克（旋翼类）以上，或载客 19 人以上，可用于载人飞行、进行融合飞行或在人口密集区域上方飞行的无人驾驶航空器系统；限用类无人驾驶航空器系统是最大审定起飞重量为 25 千克及以上，不用于载人飞行、不进入融合空域飞行且在地面人员密集区域飞行的无人驾驶航空器系统。

1.3　无人机驾驶员的证照管理分类

早在 2013 年，中国民用航空局出台的《民用无人驾驶航空器系统驾驶员管理暂行规定》中规定，在我国境内凡起飞重量大于 7 千克、飞行高度 120 米以上、飞行距离 500 米以外及飞入复杂空域的无人机驾驶员需按照型别由行业协会或局方管理，在融合空域飞行的小型及大型无人机驾驶员需持有驾驶员执照。该规定出台的同时也明确规定了无人机从业人员必须持有与个人所拥有的无人机所属重量类别相等，且在有效期内的证照。无人机操控合格证对于无人机驾驶员来说重要性不亚于机动车驾驶证，取得证照既是对驾驶员自身技术的肯定，也是对确保社会公共安全、遵守相关法律进行合法飞行的重要保证。

1.3.1 中国民用航空局规定的分类标准

中国民用航空局于 2016 年及 2018 年先后发布了《民用无人机驾驶员管理规定》（AC—61—FS—2016—20R1）、《民用无人机驾驶员管理规定》（AC—61—FS—2018—20R2）。按照现行的《民用无人机驾驶员管理规定》，按照无人机驾驶员执照不同驾驶员分为视距内等级、超视距等级、教员三个等级，类别等级分为固定翼、直升机、多旋翼、垂直起降固定翼、自转旋翼机、飞艇、其他。执照的分类等级见表 1-4。

表 1-4　无人机驾驶员执照分类等级

分类等级	空机重量 /kg	起飞全重 /kg
Ⅰ	0 < W ≤ 0.25	
Ⅱ	0.25 < W ≤ 4	1.5 < W ≤ 7
Ⅲ	4 < W ≤ 15	7 < W ≤ 25
Ⅳ	15 < W ≤ 116	25 < W ≤ 150
Ⅴ	植保类无人机	
Ⅵ	116 < W ≤ 5700	150 < W ≤ 5700
Ⅶ	W > 5700	

2021 年 12 月，民用航空局发布了《民用无人驾驶航空器操控员管理规定》（征求意见稿 AC—61—FS—020R3），对 2018 版《民用无人机驾驶员管理规定》（AC—61—FS—2018—20R2）进行了修订。修订的主要内容包括修改"驾驶员"为"操控员"，设置执照种类以取代原分类等级。拟定的新执照种类包括小型无人机操控员执照、中型无人机操控员执照和大型无人机操控员执照。

2023 年 8 月，民用航空局发布《民用无人驾驶航空器运行安全管理规则（征求意见稿）》（CCAR—92 部），向社会公开征求意见。按照文件要求，执照种类分为小型无人驾驶航空器操控员执照、中型无人驾驶航空器操控员执照和大型无人驾驶航空器操控员执照，操控员执照上需签注等级信息，包括类别等级、级别等级、型别等级、超视距等级（仅适用于小型和中型无人驾驶航空器操控员执照）和教员等级。

鉴于新版《民用无人驾驶航空器操控员管理规定》及《民用无人驾驶航空器运行安全管理规则（征求意见稿）》仍在征求意见且并无确切实施日期，本书不作详细介绍，其内容仅供读者参考借鉴。

1.3.2　无人机执照与资质证书种类

我国的民用无人机执照由中国民用航空局飞行标准司颁发，无人机相关职业证书则由人力资源和社会保障部（简称人社部）管理颁发，此外，部分行业协会等非官方机构也参与无人机非通用证照的颁发。

1. 人社部国家职业技能等级证书

国家职业技能等级证书是指由经人力资源社会保障部门备案的用人单位和社会培训评价组织在备案职业（工种）范围内对劳动者实施职业技能考核评价所颁发的证书。随着无人机应用技术在国民经济和社会生产生活中发挥着越来越重要的作用，人力资源和社会保障部相继发布了"无人机驾驶员"和"无人机装调检修工"等新职业，并委托有关部门组织业内专家对新职业国家职业技能等级标准进行开发。国家职业技能等级证书由在人社部门备案的社会培训评价组织依据人社部制定的国家职业技能标准或行业企业评价规范进行考核评价，对合格者授予《无人机驾驶员》《无人机装调检修工》职业技能等级证书。

2. 民用无人机驾驶执照

无人机驾驶员执照是目前主流无人机证件中含金量及权威性居首的无人机证照，由中国民航局飞行标准司直接签发，是从事无人机行业的人员必备的敲门砖，具有极高的法律效力。该证件可应用在申报空域、申请航线、从事无人机相关的商业活动等使用过程中。

3. 其他证书

除人社部及民航局以外，部分非官方机构也参与无人机的相关证书颁发，例如中国航空器拥有者及驾驶员协会（AOPA·China）颁发的《无人驾驶航空器系统驾驶员合格证》、中国航空运动协会（ASFC）颁发的《遥控模型航空器（无人机）飞行员执照》、UTC 慧飞无人机培训中心颁发的《无人驾驶航空器系统操作手合格证》等。

1.4　民用与军用无人机管理上的差异

无人机并不是新生事物，在飞机出现后不久无人机便已出现，一直和有人驾驶航空器相伴相随发展，而且无人机的发展经历着与有人机发展相似的历程。无人机最初是为军队所使用，后慢慢扩展到民用领域，数量上不断增加。目前通常把用于军事用途的无人机称为军用无人机，而把只用于非军事用途的无人机称为民用无人机。

随着科学技术水平的提高，无人机不断更新迭代，实现了载重上由小到大、速度上由慢到快、滞空时间上由短到长、功能由简单到复杂多样的跨越。随着人类科技进步和信息技术的发展，无人机得到越来越多场景的应用，其功能不断趋于复杂多样，展现了全新的应用潜力，成为航空业新的竞争领地。

民用无人机与军用无人机在管理和使用上有诸多不同，本节归纳总结出如下七方面差异。

1.4.1　行业准入差异

民用飞机的制造属于需要政府核准的投资项目之一，按照《政府核准的投资项目名录（2016年本）》规定，干线支线飞机、6吨/9座及以上通用飞机和3吨及以上直升机制造，由国务院投资主管部门核准；其他由省级政府核准。目前民用无人机的生产制造尚无清晰的准入政策。

军用飞机的制造属于武器装备科研生产任务，研制单位需要具有四证，即国军标质量管理体系认证（具有武器装备质量体系审核资格的第三方机构或中央军委装备发展部进行审核检查）、武器装备科研生产保密资格认定（由国家保密局、国防科工局、中央军委装备发展部共同负责）、武器装备科研生产许可证认证（由国防科工局负责，同时需要征求中央军委装备发展部意见）、装备承制单位资格审查（由中央军委装备发展部负责）。生产制造军用无人机必须满足这些前提条件。

1.4.2　研发目标与特点差异

民用无人机运用图像信息传输、物品运输、抛洒等功能进行消费和商用营利，用途广，应用场景多，数量多，要求在安全运行的条件下具备经济性并满足环保要求。

军用无人机根据不同任务要求，产生了不同的设计性能需求，通常包括高空高速高航时、多任务能力、快速反应、环境适应性强，产品相对复杂，相对数量少，研发目标是完成任务使命。军用无人机也包括研发低成本、多样化无人机产品，大型与小型军用无人机的研发目标是有区别的。军用无人机使用场景独特，包括侦察、攻击、查打一体。因军用无人机系统的研发目标任务及功能特点不同，对可靠性的要求区别较大。

1.4.3　产品投资与研发能力差异

民用无人机的研发多为民营企业，轻小型产品居多，投资以企业自主投入为主。研发技术能力提升快，研制保障基础设施以满足需求保障为主，尚未形成全面体系。

军用无人机研发多以大型国有企业为主，大型长航时无人机产品居多，以国家投资为主，研发所需技术能力和科研基础设施条件以及研制生产保障能力要求高。

用途较单一的轻小型近程军用无人机开始有民营企业参与生产，且也有经采购的民用无人机经改装用于军事用途。

1.4.4　合格鉴定规则差异

根据《无人驾驶航空器飞行管理暂行条例》规定，大中型民用无人机，按照民用航空局依据《中华人民共和国民用航空器适航管理条例》颁布的无人机适航规章进行适航管理，微轻小型民用无人机按照国家标准对产品实施认证管理。

军用无人机由国家军工产品定型机构，按照《军队装备试验鉴定规定》对研制、改进、改型和技术革新的军工产品进行考核鉴定。

1.4.5　生产销售方式差异

民用无人机按照市场需求，企业自行确定产品性能指标和使用要求，进行研发、生产、认证、销售。要求企业密切关注市场需求，依据自身的能力水平研发有市场竞争力的产品。

军用无人机是依据合同规定，按照军方确定的性能指标要求进行研发、生产、验收、鉴定、交付。要求企业具备军工研发生产资质，竞标承接军品生产任务。

在生产销售方式上，民用与军用无人机与大部分民品军品生产销售方式一致。

1.4.6　使用管理差异

民用无人机的使用、运行、监管法规标准正在逐步建立和完善中，《无人驾驶航空器飞行管理暂行条例》颁布实施后，会有更多细则和标准出台。民用无人机主要是由个人、企业等单位使用，监管管理与传统的有人驾驶飞机不同，是新生场景，需要建立新的管理规则。

军用无人机的使用、运行、管理体系完善、法规标准保障体系健全。军用无人机由组织体系管理，多年来运行规范高效。

1.4.7　进出口规则差异

民用无人机进出口管理规则正在制定完善中。

军用无人机属于军品，其进出口要求有资质公司与特殊许可，管理规则完善。

2015 年 7 月 31 日商务部、海关总署发布公告 2015 年第 31 号《关于加强部分两用物项出口管制的公告》，对部分无人驾驶航空器实施出口管制。该公告明确了纳入出口管制的无人驾驶航空器范围。

2020 年 12 月 1 日起施行的《中华人民共和国出口管制法》第三节军品出口管理部分对出口用于军事用途的装备所需的出口专营资格、审查审批手续、许可证及报关手续等强制性要求做了详细规定。

《中华人民共和国出口管制法》对无人驾驶航空器及相关技术的出口管制做出

了明确规定。无人机出口管制按照两用物项进行管理，其规定的管制范围包含具有特定性能的无人机（续航时间、抗风能力、飞行高度等），也包括特定控制要点的无人机技术（微型任务载荷、传感器技术、反无人机技术等）。出口管制范围内的无人机及技术需要向国务院商务主管部门登记，并申领《两用物项和技术出口许可证》。

2023 年 7 月 31 日，由商务部牵头，与海关总署、国家国防科工局、中央军委装备发展部联合发布了《关于对无人机相关物项实施出口管制的公告》（商务部公告 2023 年第 27 号），于 2023 年 9 月 1 日实施。该公告提出的受到管制的无人机相关物项包括具有特定性能的航空发动机、载荷、无线电通信设备及反无人机系统。

2023 年 7 月 31 日，商务部发布的《关于对部分无人机实施临时出口管制的公告》（商务部公告 2023 年第 28 号）对特定无人机实施临时管制，于 2023 年 9 月 1 日实施，期限不超过两年。根据该公告，受到临时管制的无人机包括具有特定功能的无线电设备、抛投功能、高光谱相机、红外相机、激光测距定位模块、非认证载荷支持能力等。在临时管制期间，出口经营者不得出口明知可被用于大规模杀伤性武器扩散、恐怖主义活动、军事目的，但指标未达到现有管制指标的无人驾驶航空器。公告规定了出口经营受管制的无人机的出口经营者应当办理的许可手续、申请条件、需要准备的文件等。

2023 年 8 月 2 日，民航局就《民用无人驾驶航空器运行安全管理规则》（征求意见稿）（以下简称《管理规则》）公开征求意见。按照《管理规则》规定，出口无人驾驶航空器的出口人需要承担部分职责，包括向进口方提供必要材料、拆除临时装置、注销转让适航证、去除登记标识等。出口人或者其授权代表可以申请出口适航证，并按规定格式和方式向民航局提交申请书。

第 2 章

我国无人机产业发展现状

作为无人机生产大国之一，近年来我国的民用无人机产品在国际市场的份额飞速增长，随着国民经济的快速发展，在诸多领域影响着全球市场。无论从数量还是产值上看，我国民用无人机在全球产业链中的重要作用愈发凸显。本章就国内公开数据进行梳理，就无人机的产业发展现状和趋势及国际影响做详细介绍。

本章将主要从数据统计出发，对我国的产业发展及国际影响做详细的介绍。首先，本章分析总结了民用无人机的产品和产业发展特点；其次，本章从产品和产业统计数据角度比较了无人机在民用航空领域所处的地位；最后，本章对我国民用无人机的国际影响及国内的管理现状进行了简要的概括。

2.1 民用无人机的发展特点

2.1.1 产品发展特点

1. 型别多样，品种差异大，应用广泛

我国生产的用于消费娱乐、工业农业应用的无人机产品型别众多，微型无人机轻至百克级，大型无人机重达吨级，其中轻小型数量多，中大型数量少。我国幅员辽阔，丰富的地形环境为无人机创造了广泛的应用场景。无论是个人消费、娱乐拍摄，还是农用作业、消防抢险等，都给我国无人机行业提供了广阔的发展空间。

2. 研发生产一体化，军民企业产品分工明显

绝大多数民用无人机产品的研发和批量生产由一个企业完成，多由地方新兴民营企业研发生产。军用无人机大部分由传统的国家军工企业研发生产。军工企业大多生产高价值无人机，民营企业多数以生产消费娱乐和农林作业用无人机为主。

3. 轻小型产品技术领先，更新换代快，国际市场占有率高

我国的消费类无人机技术和制造能力处于世界先进水平，占据了大部分世界市场。轻小型无人机产品大部分应用于消费娱乐行业，产品推出周期短，更新换代较快，已在全球占据较大市场份额。

4. 大中型产品研发周期长，目前改装产品多

大中型无人机产品推出周期较长，部分大型无人机是由有人驾驶飞机改装成的专用无人机。大多数民用无人机都是应用成熟的航空器构架，加载各种动力和系统及控制设备构成。

5. 正向新领域不断延展

随着民用无人机市场规模的扩大，越来越多的企业向更高端、更具有技术要求的领域发展，以eVTOL（electric Vertical Takeoff and Landing，电动垂直起降航空器）和跨界产品（如飞行汽车）为代表的新型无人机产品已经进入到产品验证阶段。部分场景中应用的无人机正在向无需人员操控及自主飞行的趋势发展。

2.1.2 产业发展特点

1. 轻小型无人机产业链健全且聚集广东地区

我国的轻小型无人机产业在2018年以前经历了爆发式发展，产品种类多，生产数量多。轻小型无人机的产业链健全且集中度高，大部分生产单位为民营企业，主要分布在广东省。

2. 传统航空企业正在进入工业级无人机市场

传统的国家航空器研发企业正在加大研发民用大中型无人机。工业级无人机正在逐步形成竞相发展的态势，场景监测、农业植保、物流运输是目前工业级无人机运营的主要用途和研发方向，已基本产业化。

3. 工业级无人机呈现研制生产运营一体化的特点

工业级无人机的研制生产运营一体化趋势开始出现，部分农林植保无人机的研发生产企业开始承接作业、运行管理以及培训等全链条业务。

4. 生产企业参与创造运营场景

无人机的相关生产研发企业参与了运行场景的创新，在原有技术基础上创造了新的应用场景，如无人机航拍、无人机灯光表演等。

5. 无人机教育培训发展迅速

市场上无人机培训机构较无人机制造生产更加丰富多元，众多民营企业纷纷涉足无人机教育领域，成为未来产业发展的重要保障。

6. 产业运行和监管的基础设施有待完善

尽管2023年国家已经颁布了《暂行条例》，但实施的基础设施和监管设施有待完善，例如正在统筹建立的无人驾驶航空器综合监管服务平台仍需多部门协同参与建设。

7. 国家对无人机产品的安全要求不断提高

国家无人机产品强制性安全标准《民用无人驾驶航空器系统安全要求》（GB 42590—2023）已经推出，主要条款将在2024年2月实施，对无人机产品安全性运行要求不断提高。无人机反制技术及产品需求增多。

8. 产业发展得到资本市场关注

我国的民用无人机行业新兴企业多，衍生产业多（涉及影视传媒、治安、消防、救援、通信、农业、矿业等），融资需求旺盛，资本关注较多，eVTOL 成为吸引投资的热点。

2.2　民用无人机发展数据统计

2.2.1　飞行器数据

根据中国民用航空局 2018—2022 年公布的《民航业发展统计公报》中的飞行器数据，如图 2-1 所示，飞行器注册登记数逐年上涨，无人机的数量增长速度明显高于有人机，其数量比从 2018 年的 47 倍增长至 2022 年的 130 倍。

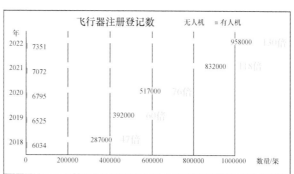

年份	类别	航空器数量/架
2022	有人机	7351
	无人机	958000
2021	有人机	7072
	无人机	832000
2020	有人机	6795
	无人机	517000
2019	有人机	6525
	无人机	392000
2018	有人机	6034
	无人机	287000

图 2-1　民航局公布的飞行器注册登记数

2.2.2　驾驶员数据

《民航业发展统计公报》中的驾驶员数据如图 2-2 所示，持证无人机驾驶员和有人机驾驶员 2018—2022 年间均有增长，其中无人机驾驶员数量增速更为显著，并从 2020 年起超过有人机驾驶员数量。

2.2.3　飞行小时数据

根据《民航业发展统计公报》中的飞行小时数推算的平均年飞行小时数据，如图 2-3 所示，客机虽然数量较少，但平均飞行小时数显著高于通用飞机及无人机。2021 年参与云交互系统的无人机数量为 4.3 万架，只占总登记无人机数量的 5%左右。

年份	类别	持证驾驶员数量/人
2022	有人机	81430
	无人机	152790
2021	有人机	76236
	无人机	120800
2020	有人机	69942
	无人机	88994
2019	有人机	67953
	无人机	67218
2018	有人机	61492
	无人机	44573

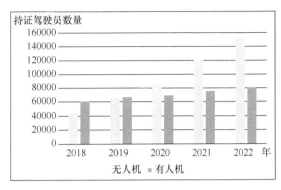

图 2-2 民航局公布的驾驶员数据

年份	类别	平均每架年飞行小时数/时
2022	客机	1507
	通用飞机	383
	无人机	22
2021	客机	2299
	通用飞机	390
	无人机	33
2020	客机	2245
	通用飞机	340
	无人机	43
2019	客机	3224
	通用飞机	393
	无人机	37
2018	客机	3170
	通用飞机	376
	无人机	11

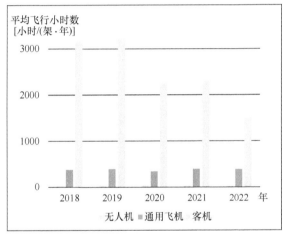

图 2-3 根据民航局公布数据测算的平均年飞行小时数据

如图 2-4 所示，根据推算，参与云交互平台的无人机平均运行时长为 33.4 小时 /（架·年）。2021 年全年无人机日均飞行达 105.73 万架次，日均飞行小时达 4.57 万小时，平均飞行 20.1 小时 /（架·年）。2022 年，我国民用无人机年飞行小时量已超过千万级，达到 2067 万小时，比通航飞行量高出一个数量级，超越了运输航空飞行量，但平均每年每架无人机飞行仅 22 小时，远远低于运输飞机的 1507 小时及通用飞机的 383 小时。

2.2.4 制造业数据

根据中华人民共和国工业和信息化部发布的《中国民用无人机制造业统计数据》，如图 2-5 所示，2021 年全国民用无人机产品产值为 294.3 亿元，其中 272.3 亿元来自广东省，占比超过 92%，（工业和信息化部于每年年底公布上一年度统计数据，本书采用的最新数据更新至 2021 年）。

年份	类别	数量	年度总飞行小时	机场	运输公司	运输人次	飞行频率
2022	运输飞机	4165 架	627.56 万飞行小时	254 座	66 家	运输 2.5 亿人次	在册运输飞机平均日利用率 4.1 小时
	通用飞机	3186 架	121.9 万飞行小时	399 座	661 家	—	[平均飞行 382 小时/（架·年）]
	无人机	95.8 万架	2087 万飞行小时	—	15130 家	—	21.6 小时/（架·年）
2021	运输飞机	4054 架	932.16 万飞行小时	248 座	65 家	运输 4.4 亿人次	在册运输飞机平均日利用率 6.3 小时
	通用飞机	3018 架	117.8 万飞行小时	370 座	599 家	—	[平均飞行 390 小时/（架·年）]
	无人机	83.2 万架（4.3 万参与云交换系统）	143.6 万飞行小时（参与民航局云交换系统）	—	12663 家	—	33.4 小时/（架·年）（参与云交互系统无人机）
2020	运输飞机	3903 架	876.22 万飞行小时	241 座	64 家	运输 4.18 亿人次	（日均 6.15 小时）
	通用飞机	2892 架	98.4 万飞行小时	339 座	523 家	—	[平均飞行 340 小时/（架·年）]
	无人机	51.7 万架	183 万飞行小时（参与民航局云交换系统）	—	—	—	43 小时/（架·年）（假设 4.3 万架参与云交换系统）
2019	运输飞机	3818 架	1231.13 万飞行小时	238 座	62 家	运输 6.599 亿人次	（日均 8.84 小时）
	通用飞机	2707 架	106.5 万飞行小时	246 座	478 家	—	[平均飞行 394 小时/（架·年）]
	无人机	37.1 万架（3.4 万参与云交换系统）	125 万飞行小时（参与民航局云交换系统）	—	—	—	36.8 小时/（架·年）（参与云交换系统无人机）
2018	运输飞机	3639 架	1153.52 万飞行小时	241 座	60 家	运输 6.117 亿人次	（日均 8.68 小时）
	通用飞机	2495 架	93.71 万飞行小时	202 座	422 家	—	[平均飞行 376 小时/（架·年）]
	无人机	28.7 万架	37.1 万飞行小时（经营性飞行活动）	—	—	—	11 小时/（架·年）（假设 3.4 万架经营性无人机）

图 2-4　运输飞机（包括客运机和货运机）、通用飞机、无人机的飞行小时、机场、运输公司等数据对比（备注：蓝色文字为民航局统计公报公布数据；灰色文字是依据公布数据推算的数据。因 2018 年、2020 年云交换系统无人机数量缺失，平均飞行小时数使用 2019 年及 2021 年的云交换系统无人机数量计算，仅供参考。）

中国民用无人机产品产值/亿元			
年度	产值	广东	广东占比
2021年	294.3	272.3	92.5%
2020年	214.03	210.53	98.36%
2019年	169.0	163.7	96.9%
2018年	166.02	163.2	98.5%
2017年	167.42	163.4	97.7%
2016年	101.08	100.9	99.8%

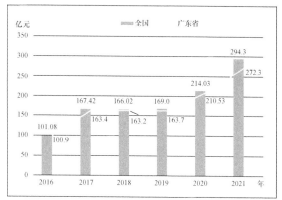

图 2-5　工业和信息化部公布的制造业统计数据

2021年开始广东的产值占比开始下降，全国其他地区的产值开始显著增长，如图2-6所示。

图2-6 我国除广东省以外的民用无人机产品产值

2.2.5 我国民用无人机产值及订单数据

根据《2021年全国民用航空工业统计调查数据》，民用无人机产品产值294.3亿元，占中国民用航空产品总产值的32.4%。其中，央企所属企事业单位产品产值为0.9亿元，占比为0.3%；地方企业产品产值为293.4亿元，占比为99.7%。

2021年，全国民用无人机新增订单328.5万架，其中，新增确认订单238.9万架，新增意向订单89.6万架；全国民用无人机储备订单累计95.6万架，其中，确认储备订单59.7万架，意向储备订单35.9万架。据不完全统计，2021年，全国民用无人机产品交付约298.8万架，金额156.2亿元，占民用航空产品交付总金额的23.2%。

2.2.6 企业数据

受益于国家的规划和鼓励政策，我国的无人机行业的企业数量在近些年显著增长。根据爱企查的数据查询结果，无人机相关企业数量如图2-7所示，截至2023年3月末，全国有超过5万家与无人机相关的企业，其中成立三年及以上的公司超过3万家。

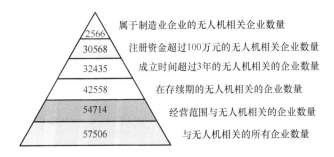

图2-7 无人机相关企业数量

2021 年，国内民用无人机产品产值前五名的企业是：深圳市大疆创新科技有限公司、湖南浩天翼航空技术有限公司、成都纵横自动化技术股份有限公司、浙江科比特创新科技有限公司、浙江华飞智能科技有限公司，这五家企业的民用无人机产品产值占全国民用无人机产品总产值的 99.0%。

2.2.7　美国 FAA 公布的无人机数据

目前关于民用无人机的数量没有全球公开的统计，本书在编撰中持续跟踪美国 FAA 公布的民用无人机数据。

根据美国联邦航空管理局（FAA）网站公布的注册无人机及驾驶员数据（见图 2-8），截至 2022 年 4 月，已有登记 878721 架无人机，其中包括 345401 架商用类无人机及 529001 架娱乐类无人机，已有远程认证飞行员 320250 人。从该数据对比来看，美国的无人机登记数量与我国大致相当，但驾驶员数量统计远远高于我国，其主要原因为美国的驾驶员数量统计中包括所有进行远程登记注册无人机的驾驶员，而我国登记的驾驶员仅包括因操控小型及以上无人机需要驾驶执照的无人机驾驶员。

无人机注册登记数量	
878721 登记的全部无人机数量	345401 登记的商用类无人机数量
529001 登记的娱乐类无人机数量	4319 纸质登记的驾驶员数量
320250 远程认证的飞行员数量	482577 娱乐类无人机安全测试认证数量

图 2-8　美国 FAA 网站对无人机的数据统计（截至 2022 年 4 月 14 日）

2.3　中国民用无人机的国际影响

自 2015 年以来，我国在消费级及工业级无人机领域占据了世界主要市场，载人级无人机 eVTOL 产品虽然仍然处在产业发展初期，但已有技术及验证产品均处于世界较高技术水平，并且在多个国外市场开始试运营及适航取证。此外我国在产品标准制定和行业组织方面的国际影响也在不断扩大。

2.3.1 产品影响

我国的消费级和工业级无人机产品占据世界市场份额的 70% 以上，世界影响不断扩大。据相关行业分析报告，2021 年全球民用无人机系统产值 1212.91 亿元，而同期我国的产值为 870 亿元，远超其他国家。我国的无人机出口近年来显著增长，出口额从 2015 年的 32.7 亿元增长到 2020 年的 236.7 亿元。截至 2022 年底，我国民用无人机产值已达到 1070 亿元。

2.3.2 标准制定影响

国际标准化组织 ISO 于 2015 年成立航空航天器技术委员会无人机分技术委员会。中国提出并主导的 ISO 21895：2020《民用无人驾驶航空器系统分类及分级》及 ISO 24356：2022《系留无人机系统通用要求》已发布。目前中国在 ISO/TC20/SC16（国际标准化组织航空航天器技术委员会无人机分技术委员会）主导编制的无人机国际标准已有 13 项，占比为 40%。

2.3.3 组织影响

随着我国在民用无人机产业的发展，越来越多的社会组织纷纷成立，并以国内为基础，广泛联络国外相关企事业单位和社会组织。由中国民间自发成立的"世界无人机联合会"已经建立了良好的民间交流网络，充当了国际合作与联络的支撑桥梁。

一些民用无人机领域的国内专家也相继在国际舞台上崭露头角，在国际组织中担任重要或名誉职务，为中国的民用无人机扩大国际影响起到了非常积极的促进作用。

2.4 中国民用无人机的管理现状

民用无人机的管理涉及许多方面，本节仅从规则和组织方面介绍及评价。

2.4.1 管理规则

我国当前涉及航空的法律中，均是从民航管理体系产生的。在为无人机制定的相关规则当中，地方性的法规和政策多，国家层面的法律较少，且大多处于暂行阶段。由于无人机管理的复杂性，在该领域起草相关法律法规涉及部门多，目前主要包括民航局、工业和信息化部、交通运输部、农业部、公安部等。对于民用无人机管理和行业发展的规划，处于征求意见阶段的指导意见居多，顶层规划和长期规划相对较少。

《暂行条例》自 2014 年开始制定，2023 年 4 月经过国务院常务会议审议通过，历时 9 年。2023 年 6 月 28 日颁布，2024 年 1 月 1 日起实施。是我国无人机管理基本法，该法规颁布后还需配套法规细则支持法规实施。特别是地方政府承担无人机的管理职责后还需要建立和完善新的组织机构和管理部门，需要制定地方性的管理规则为执行提供具体依据。

在有关无人机的相关标准当中，由无人机企业和团体制定的指导性标准居多，由国家官方发布的强制性国家标准较少。

2.4.2　行业组织

行业组织在无人机证照培训中发挥着重要作用。

自发的行业自律性组织（联盟、协会）开展各种展会和会议论坛较多，其中研讨技术、产品、产业发展的居多，研讨规划、管理、政策的较少。无人机相关的会议论坛呈现主论坛加若干分论坛的举办形式，其优势是大量的无人机从业人员有机会在会议论坛中展现自己的产品和观点，甚至有机会和国内知名专家和院士在同一个讲台上。缺点是大部分会议论坛都是议论式的，没有明确的结论性成果。

国家认可的认证机构逐渐增多。2019 年 2 月，中国合格评定国家认可委员会（CNAS）授权中国民航研究院民用无人机检验中心成为行业内首个从事无人机检验的 A 类第三方检验机构，随后工业和信息化部电子第五研究所（中国赛宝实验室）、中国电子科技集团公司第五十四研究所等单位也取得无人机检测资质。

目前我国的无人机执照主要由中国民用航空局指定的执照考试管理服务提供方签发，包括中国航空器拥有者及驾驶员协会（AOPA-CHINA）、中国地理信息产业协会（CAGIS）、大疆创新（DJI）和中国民航飞行员协会（CHALPA）等。

第 3 章

民用无人机管理体系

鉴于无人机的大规模涌现及其与有人机运行的模式差异，对无人机管理体系的建立成为当今行业关注焦点之一。本章节对现有的无人机管理体系进行了介绍。首先，本章从多个方面出发，对无人机与有人机进行比较，同时总结其特点差异；其次，本章介绍了航空器产品在不同发展阶段的政策环境需求，以及国家对行业管理的基本架构；最后，本章从国家法律、法规、部门规章、政策依次介绍现有的民用无人机管理规则。

3.1 无人机与有人机产业运行特点与差异

民用无人机与有人机的运行范围和运行规则不同，运行场景和产业成熟程度不同，运行所需基础设施和监管规则体系不同。民用航空产品的市场是世界范围的市场，所以民用航空产品本身如果符合国际标准，就具备在世界范围内流通的基本条件。而民用航空产品的运行规则，则是依据特定的环境确定的。本节简要归纳了民用航空产品中无人机与有人机产业运行的特点与差异，如图 3-1 所示。

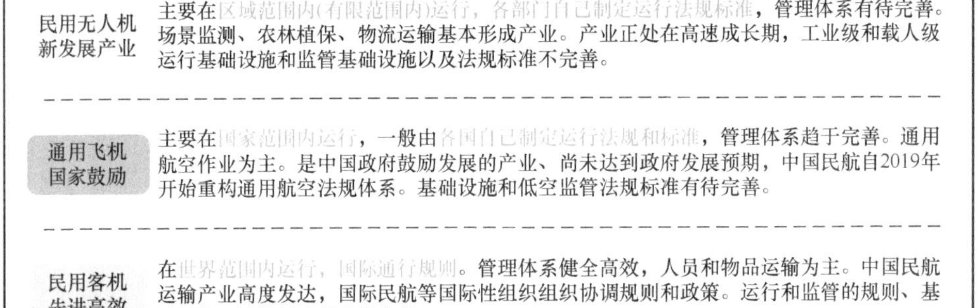

民用无人机 新发展产业：主要在区域范围内(有限范围内)运行，各部门自己制定运行法规标准，管理体系有待完善。场景监测、农林植保、物流运输基本形成产业。产业正处在高速成长期，工业级和载人级运行基础设施和监管基础设施以及法规标准不完善。

- - - - - - - - - - - - - - - - - - - -

通用飞机 国家鼓励：主要在国家范围内运行，一般由各国自己制定运行法规和标准，管理体系趋于完善。通用航空作业为主。是中国政府鼓励发展的产业、尚未达到政府发展预期，中国民航自2019年开始重构通用航空法规体系。基础设施和低空监管法规标准有待完善。

- - - - - - - - - - - - - - - - - - - -

民用客机 先进高效：在世界范围内运行，国际通行规则。管理体系健全高效，人员和物品运输为主。中国民航运输产业高度发达，国际民航等国际性组织组织协调规则和政策。运行和监管的规则、基础设施、法规标准都非常完善。

图 3-1　三种典型航空产品的运行特点与差异

民用无人机航行时间相对较短，主要在区域范围内（有限范围）运行，飞行高度也相对较低，大部分的运行是在低空空域。对于无人机的管理规则由所在地区或国家自行制定，目前并无国际公认的民用无人机相关飞行准则。

通用航空通常在本国内飞行，一般不会跨越国家运行，其飞行高度通常低于民航航班飞行的高度。大部分运行在中空区域执行任务。由各个国家自己制定运行法规和标准。

民航运输主要在高空运行，国内和国际飞行并重，要具备适应在世界范围内运行的能力，会安排同一架飞机飞一个国内航段再飞一个国际航段。所以，民航运输使用国际通行规则，由国际民航等国际性组织来组织协调运行规则和政策，各个国家负责制定具体执行要求。

民用无人机的运行场景众多，其中监测、农林植保、物流运输等，已经基本形成产业，正在高速发展。

通用航空是以作业为主，与无人机运行场景存在重合，是较早实现航空民用的突破点，但由于空域管理和成本限制，并未得到充分释放，产业生态没有完全建立，发展还需要更加完善的制度体系保障。

民航运输是以人员和物品运输为主，由于规则完备和巨大的市场需求，已经成为我国高度发达的产业。

民用无人机是新兴产业，消费级对基础设施依赖较小，监管规则体系正随着产业发展而不断完善。工业级和载人级民用无人机运行基础设施和监管基础设施以及法规标准有待完善，管理体系尚不成熟。

通用航空是国家鼓励发展的产业，2016 年国家出台政策鼓励通用航空发展，中国民用航空局自 2019 年提出重构通用航空法规体系，目前，通用航空基础设施、低空监管法规标准和管理体系正在不断趋于完善。

民航运输使用的基础设施先进，监管设施和法规标准健全，运行管理体系完善高效。

国际标准化组织（ISO）基于无人机的最大飞行高度将无人驾驶航空器的飞行空域划为低中高 5 级，分别为：

a）基低空：Ⅰ（<15 米）、Ⅱ（15～120 米）；

b）中空：Ⅲ（120～1500 米）、Ⅳ（1500～18300 米）；

c）甚高空：Ⅴ（>18300 米）。

从使用角度看，民用航空运行的高度可概括划分为高空、中空、低空，划分方式如图 3-2 所示。本节所讲的高空、中空、低空主要是从管理上考虑的划分概念、与民航实际运行及已有的国际规则不完全一致。

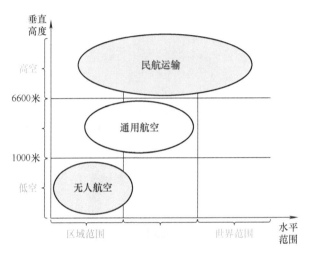

图 3-2　根据水平及垂直范围划分三种航空概念示意

注：图形大小仅作示意，与实际范围不相关

不同空域中三种航空运行的主要差异如图 3-3 所示。

图 3-3　三种航空所处空域的差异

高空主要包含在国内及国际、洲际范围内的航线运行，主要是民用航班运输，按固定航线，客运和货运，包括公务机运行，使用国际通行规则进行管理。

中空主要包含在国家范围内运行的通航作业，运行时间灵活。

低空主要包含在区域内的无人机飞行活动，主要是在有限范围内运行，应用多样，管理上涉及的内容更为复杂。

3.2　航空产品不同阶段的政策环境需求

民用航空产品技术验证、产品研发、商品投放、产业运行使用等不同阶段所需适应的政策环境不同，如图 3-4 所示。我国无人机、通用飞机、民用客机三种不同航空器的技术能力和发展现状也相差甚远。

	技术验证	产品研发	商品投放	产业运行
发展需求	充足的技术储备 持续的创新能力 研究的基础设施	符合确定的产品性能指标要求可以使用验证 具备规范和标准，以保障产品的一致性和可靠性 需要具备保障研制试验验证基础设施	监管和评价符合安全性要求(适航)和国家强制性标准要求 符合环保要求(噪声排放要求) 具备良好的经济性 批生产和运行支援能力	运行基础设施(起降场地等) 运行规则和运行规章标准 运行监管的基础设施(雷达通讯 导航 气象等) 运行监管的法规标准 运行人员、维修人员、监管人员的资质认证与培训
无人机	中小型技术成熟	消费级 技术先进产品成熟 工业级 基本成熟安全性有待提高 载人级 产品在使用验证阶段	消费级 国际市场占有率高 工业级 国内市场竞相发展 载人级 尚未进入市场	消费级娱乐类 已经形成产业 工业级商用类 即将形成产业 载人级运营类 尚在发展初期
通用飞机	技术相对成熟	国产飞机直升机基本满足需求性能有待提升	国产飞机比例相对较少，正在发展阶段	通用航空产业正在成长发展期
民用客机	技术有待提升	国内可以生产支线飞机和干线飞机，但是大部分配套需进口	国产飞机比例正在逐步增加	民航运输产业高度发达

图 3-4　航空器产品在不同发展阶段的政策环境需求

1. 技术验证阶段

航空器产品在技术验证阶段要有充分可靠的研究基础设施以及持续的创新能力，同时国家对航空业的精准有利规划及实质性的鼓励政策也是在航空技术验证阶段的重要支撑。

无人机的技术需求相对简单，相较通用航空和民航运输来说，能够动员全社会的力量，共同发展，技术储备能力更强。通用航空的技术储备相对成熟，与无人机相比略有差距。民航运输技术储备相较世界主流客机生产国家还有待提升，部分核心技术仍然在探索和试验阶段，目前基本具备生产民航客机产品零配件的能力。

2. 产品研发阶段

产品研发阶段，要符合用户确定的产品性能指标要求，可以进行使用场景验证，应具备研制生产的规范和标准，以保障产品的一致性和可靠性，同时需要具备保障研制的基础设施，以保障产品研制过程中所需的试验和验证需求。特别是载人级的产品，要进行充分的实验和验证以表明产品的安全性。研发产品要有充足的技术储备、可靠的研究基础设施、持续的创新能力。

产品开发阶段，我国民用无人机，消费级产品技术先进、产品成熟，工业级基本成熟、安全性有待提高，载人级产品在使用验证阶段。国产通用飞机和直升机基本能满足需求，性能有待提升。国内可以研制支线飞机和干线飞机，但是部分发动机和机载设备还需要进口。

3. 商品投放阶段

按照法规要求，民用航空产品在作为商品投放市场前，政府有关部门有责任对其进行评价和监管。所以民用航空产品一定要符合安全性要求（适航）、国家强制性标准要求、环保要求（噪声排放要求）等，在产品进入销售环节前需获得相应证书，如型号合格证、生产合格证、单机适航证等。

民用航空产品在商品投放阶段应具备良好的经济性，使得用户能够满意并能够盈利，也需具备批生产、运行支援及长期售后服务能力，以保障产品顺畅运行。

商品投放阶段，我国消费级无人机，国际市场占有率极高。工业级无人机正在形成竞相发展的态势，基本满足各种不同的应用场景。载人级无人机，目前正在进行政府监管下的适航验证，尚无通过适航认证的产品投入市场。运营中的通用飞机国产比例很少，特别是直升机国产的比例更少。民用支线客机已经投放市场，干线客机正在投入市场，已经完成航线运行的准备投入航线运行，用于民用客机航线飞行的国产飞机正在逐步增加。

4. 产业运行阶段

航空产品在运行环节，首先需要运行基础设施（机场起降场地等）、运行规则和运行规章标准。其次具备运行监管的基础设施（雷达、通信、导航、气象等设备）以及运行监管的法规标准。最后需要运行人员、维修人员、监管人员的资质认证与学习培训等。

产业运行阶段，我国消费级娱乐类无人机已经形成产业；工业级商用类无人机即将形成产业；载人级运营类无人机尚在发展初期。通用航空产业正在成长发展期，民航运输产业高度发达。

民用无人机由于产品差异在技术验证、产品研制、商品投放、产业运行阶段所需的运行和政策环境不同，形成了不同的产业现状，消费级娱乐类无人机已经形成产业，工业级商用类无人机即将形成成熟产业，载人级运营类无人机尚在发展初期。

无人机的应用场景及主要功能划分见表3-1。

表 3-1　无人机的应用场景及主要功能

类型	行业	应用场景	主要功能类型
消费级娱乐类	竞技	竞速、FPV 图传、穿越	特效飞行
	航拍	航空拍摄、云台增稳、特效飞行	数据图像传输
	表演	编队飞行、灯光表演、广告投放	照明、特效飞行
工业级商用类	影视传媒	影像拍摄、增稳、闪光补光、特效飞行、航行轨迹规划、空中赛事新闻直播	数据图像传输
	治安	安防巡检、城市管理、超视线追踪搜寻、通告喊话、事故现场重建、交通监测、物证搜寻	数据图像传输
	科研，环保	森林防护、地理测绘、气象监测、野生动物观测、考古建模、文物监管 水务监管、水体采样、海洋监测	数据图像传输
	基础设施	建筑物、电力设施、油气管道、道路、桥梁、隧道、工厂、水力设施、风电场、光伏电厂巡检 工程设备设施检查、辅助搭建、悬挂绳索	数据图像传输
	消防救灾	安防检查、森林防火、受灾区域扫描测绘、灾情监控评估、生命探测、人员搜救；灭火剂投放 空中喊话、应急照明、夜航灯引路	数据图像传输
	矿业	现场测绘、危险定位、洞穴勘探、水流沉积物监测、爆破监测、矿物采样	数据图像传输
	空基通信	空中通信基站、信号传输	通信
	农业	农作物监测、灌溉系统监测、牲畜计数、土壤采样、农药喷洒、授粉播种	抛洒、数据图像传输
	货运	邮政、快递、外卖、医疗运输、援助物资运输	载物运输
载人级运营类	观光	载客观光、景区客运	载人运输
	载人救援	医疗急救、救援、应急疏散	载人运输
	通勤	无人驾驶航空客运、城市低空通勤	载人运输

　　从已有的案例可以看出，越是大型的无人机产品，所需的发展环境和政策越相对复杂，形成商品和产业的时间周期越长。

　　从民用无人机的发展趋势看，未来工业级无人机是发展重点。研发企业应清晰了解民用无人机在研发和使用的全生命周期内所需的环境和政策，以使投入的资金和设施达到预期目标。

3.3 国家对行业管理的基本架构

国家对产业的管理是由中央政府政策法规标准以及地方省市的政策法规标准形成有效的规则和管理体系。法规制定、颁布和废除都需要按照法定程序进行，政策是根据需要由政府部门发布。如图 3-5 所示。

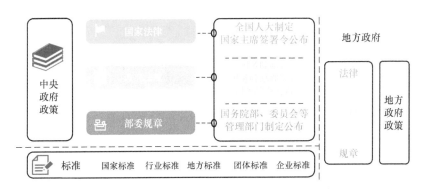

图 3-5　国家管理体系

（1）国家法律　法律是由全国人民代表大会及其常务委员会依照法定程序制定，由国家主席签署，并以国家主席令公布实施的规范性文件。法律的效力仅次于宪法。

（2）政府法规（也称行政法规）　行政法规是国家最高行政机关国务院根据宪法和法律制定，由国务院总理签署，以国务院令发布实施的规范性文件。其效力低于宪法和法律。一般有规则、条例、规定、办法等。

另外，由中央军委颁布的法规称为军事法规，由国务院和中央军委联合颁布的行政法规称为军事行政法规。

（3）部委规章　部委规章是国务院各部、委员会根据法律和政府法规、国务院的决定、命令在本部门的权限范围内制定，由部长或者委员会主任签署发布，其效力低于法规。

（4）政策　在一定时间内起作用，一般不具有强制执行力，只是具有一定的指向作用。一般有通知、意见、规划、线路图等。

（5）标准　有国家标准、行业标准、地方标准、团体标准、企业标准。标准分为强制性标准和推荐性标准。

（6）地方性法规　由省、自治区、直辖市的人民代表大会及其常务委员会制定的法律，与政府法规同级。

（7）地方政府规章　各地方政府也可制定地方法规规章和标准，地方法规与部委规章同级。

地方性法规与国家法律法规不一致的以国家法律法规为准。与国家各部委相同，地方政府也会制定对于行业管理、规划以及鼓励的相关政策，本书后续章节将会介绍。

此外，各种社会组织及行业协会也作为政府与企业间的桥梁，辅助参与无人机的管理。有关行业协会将在本书第 7 章进行介绍。

3.4　国家关于民用无人机管理的法律

在民用航空领域，我国自 20 世纪以来先后推出了多条法律法规，以对民用航空器的生产、销售及运行实施管理，包括《中华人民共和国民用航空法》（以下简称《民用航空法》）等。

3.4.1　《中华人民共和国民用航空法》

《中华人民共和国民用航空法》（以下简称《民用航空法》）于 1995 年 10 月 30 日在第八届全国人民代表大会常务委员会第十六次会议通过，是为了维护国家的领空主权和民用航空权利，保障民用航空活动安全和有秩序地进行，保护民用航空活动当事人各方的合法权益，促进民用航空事业的发展而制定的法律。

《民用航空法》共十六章二百一十五条，规定了民用航空器和空域运行管理，民用航空器和通用航空的范畴，并规定民用航空器在管制空域内进行飞行活动，应当取得空中交通管制单位的许可；航空器必须进行适航管理；《民用航空法》具体规定了设计、生产、维修民用航空器及其发动机、螺旋桨和民用航空器上设备，应申请领取型号合格证书、生产许可证、维修许可证，经审查合格的，发给相应证书。此外，还规定了保障民用航空器处于适航状态的要求。该法规定了民用航空人员（驾驶、维修、管制、签派、电台通信、乘务等）需接受训练考核和取得执照的要求，以及国籍登记、民用机场、空中航行、航空运输、搜寻救援、事故调查、涉外关系的法律适用等。

2018 年，修订的《民用航空法》增加了第二百一十四条："国务院、中央军事委员会对无人驾驶航空器的管理另有规定的，从其规定。"

《民用航空法》的修订也为制定《无人驾驶航空器飞行管理暂行条例》确定了法律依据。

3.4.2　《中华人民共和国治安管理处罚法（修订草案）》

《中华人民共和国治安管理处罚法（修订公开征求意见稿）》2017 年 1 月发文，2023 年 6 月 29 日国务院常务会议讨论并原则通过修订草案，即将出台。《中华人民共和国治安管理处罚法（修订草案）》是我国首次在法律层面规定了违反国家规定飞行无人机的处罚方式。

其中第四十六条规定：违反有关规定，在低空飞行无人驾驶航空器、航空运动器材，或者升放无人驾驶自由气球、系留气球等升空物体，情节较重的，处五日以上十日以下拘留。

飞行、升放前款规定的物体非法穿越国（边）境的，处十日以上十五日以下拘留，并处一千元以上三千元以下罚款。

3.5 国家关于民用无人机管理的法规

3.5.1 《中华人民共和国飞行基本规则》

国务院和中央军委 2000 年 7 月联合发布《中华人民共和国飞行基本规则》（以下简称《飞行基本规则》）。该法规属于军事行政法规，主要确定了空域管理、飞行管制、机场区域内飞行、航路和航线飞行、飞行间隔、飞行指挥、特殊情况处置、航行情报保障、法律责任等规定。辖有航空器的单位、个人和与飞行有关的人员及其飞行活动，必须遵守本规则。

《飞行基本规则》规定了国境内的飞行管制，由中国人民解放军空军统一组织实施，各有关飞行管制部门按照各自的职责分工提供空中交通管制服务。担负飞行管制任务的航空管理部门及航空单位按照各自的职责权限制定飞行管制的具体实施办法，相关飞行管制部门之间制定协同制度。航空单位指拥有航空器并从事航空飞行活动的机关或者单位，如航空运输公司、飞行俱乐部等。航空管理部门指对从事飞行活动的航空单位具有管理职能的机关或单位，包括中国民用航空总局、国家体育总局、航空工业集团公司、中国人民解放军海军、空军、总参谋部陆航局等。

还包括，所有飞行必须预先提出申请，经批准后方可实施。在一个划定的管制空域内，由一个空中交通管制单位负责该空域内的航空器的空中交通管制，民用航空器在管制空域内进行飞行活动须取得空中交通管制单位的许可。中国民航局、中国人民解放军海军、空军、国家体育总局、航空工业集团等多个航空管理部门有管理责任等内容。

3.5.2 《通用航空飞行管制条例》

《通用航空飞行管制条例》是国务院和中央军委联合颁布的军事行政法规。确定了通用飞机和无人驾驶气球等运行使用空域的程序和办法以及空域管理机构提供运行监管和保障服务的责任。规范了通用航空飞行运行使用空域的申报批准程序。

通用航空飞机运行在中华人民共和国境内从事通用航空飞行活动，必须遵守本条例。在中华人民共和国境内从事升放无人驾驶自由气球和系留气球活动，适用本条例的有关规定。从事通用航空飞行活动的单位、个人，必须按照《民用航空法》的规定取得从事通用航空活动的资格，飞行管制部门按照职责分工，负责对通用航空飞行活动实施管理，提供空中交通管制服务。相关飞行保障单位应当积极协调配合，做好有关服务保障工作，为通用航空飞行活动创造便利条件。

3.5.3　《中华人民共和国民用航空器适航管理条例》

1987 年 5 月 4 日国务院发布《中华人民共和国民用航空器适航管理条例》（以下简称《适航条例》）。民用航空器的适航管理，是根据国家的有关规定，对民用航空器的设计、生产、使用和维修，实施以确保飞行安全为目的的技术鉴定和监督。该条例规定了民用航空器必须由政府监管进行适航验证，并颁发许可。

《适航条例》为我国航空器适航管理规定了具体的程序要求。该条例要求，任何单位或个人设计民用航空器，应当持中华人民共和国航空工业部对该设计项目的审核批准文件向中国民用航空局申请型号合格证。民航局接受型号合格证申请后，按照规定进行型号合格审定；审定合格后，颁发型号合格证。生产民用航空器的单位或个人，应当具有必要的生产能力，经航空工业部同意后，持型号合格证向民航局申请生产许可证。民航局按照规定进行生产许可审定；审定合格后，颁发生产许可证。按照此生产许可生产的每一架民用航空器，均须经民航局逐一审查合格后，颁发适航证。

3.5.4　《无人驾驶航空器飞行管理暂行条例》

《无人驾驶航空器飞行管理暂行条例》（以下简称《暂行条例》）属军事行政法规，是我国专门针对无人机管理的基本法。该条例在 2018 年由民用航空局、工业和信息化部分别公开征求社会公众意见，2020 年列入政府立法计划，2022 年形成《草案》，2023 年 4 月 7 日经过国务院常务会议审议通过，6 月 28 日由国务院、中央军委颁布，将于 2024 年 1 月 1 日起施行。

《暂行条例》共 6 章 63 条。主要按照分类管理思路，加强对无人驾驶航空器设计、生产、维修、组装等的适航管理和质量管控，建立产品识别码和所有者实名登记制度，明确使用单位和操控人员资质要求；严格飞行活动管理，划设无人驾驶航空器飞行管制空域和适飞空域，建立飞行活动申请制度，明确飞行活动规范；强化监督管理和应急处置，健全一体化综合监管服务平台，落实应急处置责任，完善应急处置措施。

本书第 8 章将对《暂行条例》的主要内容进行详细介绍。

3.6　民用无人机管理的相关部门规章

《暂行条例》酝酿过程和颁布后，各主管部门也配合该条例实施发布一系列部门规章，如中华人民共和国工业和信息化部《民用无人机生产制造管理办法》、中国民用航空局的《民用无人驾驶航空器运行安全管理规则》（CCAR—92 部规章）等。

2020 年 3 月，工业和信息化部发布《民用无人机生产制造管理办法（征求意见稿）》向社会公开征求意见。该管理办法提出，工业和信息化部负责实施民用无人机生产制造的行业管理，办法适用于在境内生产制造民用无人机的企业和其生产的无人机。该办法对无人机的分类、产品识别码、电子围栏、信息报送、无线电设备、安全性等技术要素做出了要求。

2023 年 8 月，民航局发布《民用无人驾驶航空器运行安全管理规则（征求意见稿）》（CCAR—92 部），向社会公开征求意见。该管理规则分为总则、操控员安全操控要求、登记管理、适航管理、空中交通管理、运行管理、法律责任、附则八个章节，规范了从事民用无人驾驶航空器运行以及相关活动的具体要求。

2023 年 9 月 6 日，工业和信息化部发布《民用无人驾驶航空器生产管理若干规定（征求意见稿）》向社会公开征求意见。该征求意见稿对民用无人驾驶航空器的生产销售中产品识别码、无线电管理、产品信息系统等作出规定，并规定了县级以上地方人民政府在民用无人驾驶航空器生产销售管理过程中的责任。

除民航局及工业和信息化部以外，公安部等其他部委也将会配合《暂行条例》的实施出台新的部门规章。

3.7 民用无人机管理的相关国家政策

中国政府重视无人机行业的发展，相继出台了一系列政策引导和鼓励民用无人机行业的发展。近年来，一系列的指导民用无人机行业发展的规划政策出台，为我国无人机行业应用及发展规划了蓝图。本节将列举国务院及各个部委发布的规划性、鼓励性、管理性无人机相关政策，所选的政策截至 2023 年 1 月 1 日。民航局的《民用无人驾驶航空器运行安全管理规则（征求意见稿）》与商务部两则公告均于 2023 年 1 月 1 日后发布，本节将其列举供读者参考学习。

3.7.1 国务院发布的规划政策

2017 年 1 月，国务院印发《国家突发事件应急体系建设"十三五"规划》，支持鼓励通用航空企业增加具有应急救援能力的直升机、固定翼飞机、无人机及相关专业设备，发挥其在抢险救灾、医疗救护等领域的作用。

2017 年 7 月，国务院印发《新一代人工智能发展规划》，提出突破无人机自主控制技术，发展消费类和商用类无人机，在无人机领域加快打造人工智能全球领军企业和品牌。

2019 年 9 月，中共中央、国务院印发《交通强国建设纲要》，积极发展无人机（车）物流递送、城市地下物流配送。

2022 年 12 月，国务院办公厅印发《"十四五"现代物流发展规划》，要求促进无人化物流技术装备应用，稳步发展无人配送新业态。该规划是我国现代物流领域第一份国家级五年规划，对于加快构建现代物流体系、促进经济高质量发展具有重要意义。该规划指出，补齐农村物流、航空物流等专业物流短板，促进无人化物流技术装备应用，稳步发展无人配送新业态。

3.7.2　部委发布的鼓励政策

政府出台的一系列政策红利在技术研发、生产水平、应用服务、产品试点应用等多方面加大扶持力度，有助于健全行业标准体系，完善产业配套资源，推动行业转型升级，提升无人机行业应用水平以及行业整体竞争力。有代表性的政策举例如下：

2017 年 9 月，中华人民共和国农业部、财政部、中国民用航空局发布《关于开展农机购置补贴引导植保无人机规范应用试点工作的通知》，选择浙江（含宁波）、安徽、江西、湖南、广东、重庆等 6 个省（市）开展植保无人机购置补贴试点。

2019 年 5 月，工业和信息化部、财政部发布《关于进一步深入推进首台（套）重大技术装备保险补偿机制试点工作的通知》，适用于单价 100 万元以上的新型民用无人机。

2021 年 4 月，农业农村部办公厅、财政部办公厅印发《2021—2023 年农机购置补贴实施指导意见》，将植保无人驾驶航空器纳入补贴范围。

3.7.3　部委发布的规划政策

2017 年 12 月，中华人民共和国工业和信息化部发布《关于促进和规范民用无人机制造业发展的指导意见》。该意见提出统筹促进产业发展和强化安全管控的要求，提出大力开展技术创新、提升产品质量性能、加快培育优势企业、拓展服务应用领域、建立完善标准体系、强化频率规范使用、推进管控平台建设、推动产品检测认证，促进中国民用无人机制造业发展。

2019 年 5 月，民航局发布关于征求《促进民用无人驾驶航空发展的指导意见（征求意见稿）》意见的通知。该意见稿确定了坚持安全发展、坚持统筹规划、坚持分类管理、坚持协同融合、坚持先行先试的基本原则，并提出了适应发展（2020 年之前），融合发展（2021—2035 年），全面提升（2036—21 世纪中叶）三阶段的发展目标。意见稿提出的主要任务包括加强无人驾驶航空运行顶层设计、建立并完善法规标准体系、统筹开展试点示范运行、推进运行管理平台建设、加强无人驾驶航空运行安全管理、建立健全管理模式、建立基于胜任力的人员资质管理体系、建立基于运行风险的无人机适航管理体系、加强宣传引导、加强关键技术研究与应用、加强科研创新和人才培养、加强国际交流合作。

2021 年 12 月民用航空局、国家发展和改革委员会、交通运输部发布《"十四五"民用航空发展规划》。该规划提出加强无人机运行安全管理。健全军队、地方、民航多方协作的无人机飞行管控机制,依法构建协同监管能力,形成不重不漏、联防联控的监管格局。围绕民用无人机登记、人员资质、运行要求等关键环节,进一步加强行业管理,引导其安全有序健康发展。引导无人机技术持续完善,增强无人机运行监控能力,提高无人机安全性能。

2022 年 1 月,农业农村部、国家发展改革委、科技部、工业和信息化部、生态环境部、市场监管总局、国家粮食和物资储备局、国家林草局八个部门联合发布《"十四五"全国农药产业发展规划》开发航空植保配套机制。该规划明确提出:推广高效施药器械,重点推广植保无人机等,逐步淘汰背负式手动喷雾机、担架式喷枪等。重点探索无人机植保、自主巡检、无人配送等智能场景。

2022 年 2 月,民航局发布《"十四五"航空物流发展专项规划》。该规划提出充分发挥无人机物流成本、效率优势,扩大交通不便地区无人机配送网络;提升应急处理能力,推进无人机等新技术新设备应用;支持无人机物流探索,推进民用无人驾驶航空试验基地(试验区)建设,探索民用无人驾驶航空运行发展的特点规律,研究编制无人驾驶航空管理规章、规范性文件和技术标准体系。

2022 年 8 月,科技部、教育部、工业和信息化部、交通运输部、农业农村部、国家卫健委等六部门联合印发《关于加快场景创新以人工智能高水平应用促进经济高质量发展的指导意见》。明确围绕高端高效智能经济培育打造重大场景,农业领域优先探索无人机植保等智能场景。围绕安全便捷智能社会建设打造重大场景,生态环保领域重点探索环境智能监测、无人机自主巡检等场景;智慧社区领域探索未来社区、无人配送等场景。

2023 年 8 月 22 日,工业和信息化部、科技部、国家能源局、国家标准化管理委员会组织编制并发布了《新产业标准化领航工程实施方案(2023—2035 年)》(以下简称《实施方案》)。《实施方案》意在落实《国家标准化发展纲要》,建设完善新兴产业标准体系,布局未来前瞻产业标准研究,并在多个新兴及前沿产业领域专栏提出规划研制的标准。在民用航空专栏部分,《实施方案》涉及研制包含无人机在内的多种航空器标准,提出研制无人机系统、平台、数据链、地面控制站标准,以及集群无人机、网联无人机、智能无人机等标准。

3.7.4 部委发布的其他政策

2020 年 5 月,民航局发布了《民用无人驾驶航空试验基地(试验区)建设工作指引》,设定了城市、海岛、支线物流、高原、综合应用拓展 5 种场景的试验区。2020 年 10 月,民航局公布了首批 13 个民用无人驾驶航空试验基地(试验区),

2022 年 6 月，民航局公布了第二批共 7 个民用无人驾驶航空器试验区。在已经公布的试验区里，目前暂未包括高原场景。

2023 年 7 月 31 日，由商务部牵头，与海关总署、国家国防科工局、中央军委装备发展部联合发布了《关于对无人机相关物项实施出口管制的公告》（商务部公告 2023 年第 27 号），对部分无人机相关物项实施出口管制，并于 2023 年 9 月 1 日实施。

2023 年 7 月 31 日，由商务部牵头，与海关总署、国家国防科工局、中央军委装备发展部联合发布了《关于对部分无人机实施临时出口管制的公告》（商务部公告 2023 年第 28 号），对部分无人机实施临时出口管制，于 2023 年 9 月 1 日实施，临时管制期限不超过两年。

在部委发布的各类政策中，有专门针对无人机的，也有一些是针对所有行业的普适性政策，并且在无人机行业中可以适用的。例如，近期国家标准委发布的《推荐性国家标准采信团体标准暂行规定》中确定了的团体标准经过采信直接上升为国家推荐性标准的程序等。

第 4 章

民用无人机管理部门、职能及管理措施

　　无人机管理涉及人员、无人机、飞行环境、违法违规飞行查控等多个方面，从流程而言，牵涉规划设计、生产制造、市场准入、空中飞行及事后处置的全方位过程。各管理部门按照法律、法规、规章的规定，科学分工、协调合作，努力将民用无人机纳入全天候、无缝隙的闭环管理。

　　本章将分别介绍国家主管部门及各部委参与民用无人机管理工作多方面的职能与责任。

4.1　工业和信息化主管部门

　　工业和信息化主管部门对民用无人机的管理职能主要包括如下范围：民用无人机生产制造管理、无线电电子信息管理和相关行业标准制定。

4.1.1　无人机生产制造管理

　　对于民用无人机制造行业的管理文件主要包括：2017 年发布的《工业和信息化部关于促进和规范民用无人机制造业发展的指导意见》、2018 年发布的《无人机制造企业规范条件（征求意见稿）》、2020 年发布的《民用无人机生产制造管理办法（征求意见稿）》以及 2021 年公布的《民用无人机生产制造若干规定（征求意见稿）》。

　　2017 年的《工业和信息化部关于促进和规范民用无人机制造业发展的指导意见》对于工业和信息化主管部门的对于制造业发展方面的主要职责任务规定如下：其一，鼓励企业与高校、科研机构等开展产学研用协同创新，围绕民用无人机动力系统、飞控系统、传感器等开展关键技术攻关。其二，提升产品质量性能，需要纳入适航管理的民用无人机，应按照适航规章进行适航审查。其三，加快培育优势企业，研究制定民用无人机生产企业行业规范条件。其四，拓展服务应用领域。其

五，建立完善标准体系。其六，强化频率规范使用。其七，推进管控平台建设。其八，推动产品检测认证。其九，提高民用无人机产品安全性能，满足安全管控要求，推动形成民用无人机可识别、可监控、可追溯的技术管控体系。其十，加强日常监管。包括加强民用无人机制造业行业统计和信息登记，掌握民用无人机生产企业和产品情况。加强部门协作，发挥管控平台作用，督促企业和用户依法依规生产使用无人机。加强法规标准约束，打击恶意竞争、侵犯知识产权等行为，推进将企业违法违规行为列入社会征信系统，营造产业发展良好的环境氛围。

2018 年《无人机制造企业规范条件（征求意见稿）》对无人机制造企业的基本条件、创新能力、生产制造能力、产品要求、质量控制、人员要求、社会责任等多方面进行了较为细致的规定。工业和信息化部的具体职责主要是规范管理，负责申请企业审核及公告企业监督检查、变更及撤销等动态管理工作，对符合规范条件的无人机制造企业实行公告管理，并对已公告的规范企业进行动态管理。

在 2018 年《无人驾驶航空器飞行管理暂行条例（征求意见稿）》发布后，工业和信息化部于 2020 年向社会发布《民用无人机生产制造管理办法（征求意见稿）》，并于 2021 年向各地方航空工业主管部门下发了《民用无人机生产制造若干规定（征求意见稿）》，对工业和信息化部的无人机管理职责进行了进一步的细化。

《民用无人机生产制造管理办法（征求意见稿）》第三条建议，工业和信息化部对无人机生产制造承担如下职责：

实施民用无人机生产制造的行业管理，省级航空工业主管部门配合工业和信息化部实施本行政区域内民用无人机生产制造的行业管理相关工作。工业和信息化部与军民航飞行管制部门、公安机关建立民用无人机生产制造管理信息共享工作机制。各省、自治区、直辖市航空工业主管部门、无线电管理机构、电信管理部门应当加强对民用无人机生产企业的监督检查，依法查处违法行为。

在企业主体责任方面，民用无人机生产企业应当加强自查，发现其产品存在质量、安全、环保等严重问题的，应当立即停止生产相关产品，及时采取措施进行改进，并向所在地的省、自治区、直辖市航空工业主管部门、无线电管理机构、电信管理部门报告。

对民用无人机产品开展唯一产品识别码管理。民用无人机生产企业应当按照工业和信息化部制定的民用无人机唯一产品识别码相关标准和管理规定，编制并使用产品识别码，并写入民用无人机不可擦除的芯片存储区，且在机体、外包装上标明。民用无人机生产企业生产用于境内使用的微型、轻型、小型无人机，应当具备在飞行过程中通过无线局域网、蓝牙等方式自动广播产品识别码信息等功能。

制定民用无人机相关生产制造标准。其一，无人机应当设置电子围栏。民用无人机生产企业生产用于境内使用的无人机，应当在无人机产品中设置电子围栏，使其具备飞行区域限制及警示功能，满足空域管理相关要求。其二，在无线电使用方面。民用无人机应当满足如下要求：民用无人机中接入公用电信网的相关通信设备，应当按照规定申请取得电信设备进网许可证。民用无人机生产企业生产用于境内使用的无人机，应当符合《中华人民共和国无线电频率划分规定》及民用无人机频率使用管理等相关规定。无人机相关系统所使用的无线电发射设备应当符合国家无线电发射设备相关要求，按照国家有关规定取得无线电发射设备型号核准证。其三，在网络技术防护方面。民用无人机生产企业应当按照国家有关网络安全标准做好产品抗干扰防护，防止民用无人机链路遭到非授权访问。其四，在信息安全方面。民用无人机生产企业不得在其提供的信息技术产品中设置恶意程序，不得发布或者传输含有法律、行政法规禁止内容的信息；发现其提供的信息技术产品存在安全缺陷、漏洞等风险时，应当立即采取补救措施，按照规定及时告知用户并向工业和信息化部报告。其五，风险警示要求。民用无人机生产企业应当在其民用无人机产品外包装或者机体的明显位置提示守法运行要求或防范风险提示。民用无人机机体应当按照国家有关要求明确标注民用无人机产品类别。其六，在产品检测方面。民用无人机生产企业应当按照有关法律法规和标准要求，在微型、轻型、小型无人机产品投放市场前，自行完成产品质量合格检测，不得将不合格产品投放市场。中型和大型无人机，纳入适航管理。对已认证或者已适航的无人机产品进行改造，改变其空域保持能力及飞行性能等的，应当重新对其产品进行认证或者适航。

建立民用无人机生产制造产品信息系统。企业生产的民用无人机产品出厂时，应当通过工业和信息化部建立的民用无人机生产制造产品信息系统报送无人机产品识别码信息、电信设备进网许可信息及无线电发射设备信息等。

应急功能管理。民用无人机生产企业生产除微型以外的民用无人机，应当具备应急处置功能，能够在链路丢失、动力不足等情况下，向操控人员告警，并采取自动返航、着陆等应急处置措施，减少对人员及建筑物的伤害。

《暂行条例》第八条第二款规定，微轻小无人机的设计、生产等活动中应当符合产品质量法律法规的有关规定以及有关强制性国家标准。第九条第一款规定，无人机生产者应当按照工业和信息化主管部门的规定为无人机设置唯一产品识别码。第四十三条第二款规定，工业和信息化主管部门参与制定无人机反制设备的配备、设置、使用的授权管理办法。

4.1.2 无线电电子信息管理

为满足应急救灾、森林防火、环境监测、科研试验等对无人驾驶航空器系统的需求，根据《中华人民共和国无线电频率划分规定》及我国频谱使用情况，工业和信息化部于 2015 年发布《工业和信息化部关于无人驾驶航空器系统频率使用事宜的通知》，规划 840.5—845MHz、1430—1444MHz 和 2408—2440MHz 频段用于无人驾驶航空器系统。针对上行遥测链路、下行遥测链路、信息传输链路以及备份频段，规定了详细的使用频率。

《中华人民共和国无线电管理条例》于 2016 年修订，修改了无线电频率管理、台站管理、发射设备管理以及无线电涉外管理等方面的内容。依据《无线电管理条例》《无线电频率划分规定》及相关行政法规、部门规章，工业与信息化部无线电管理局于 2020 年公布《民用无人机无线电管理暂行办法（征求意见稿）》，对无线电管理职责做出如下建议：

建议规定无线电发射设备型号核准、无线电频率使用许可和无线电台（站）设置、使用许可，明确有关许可条件、许可主体、许可程序等具体内容。民用无人机生产企业应当采取有效措施，确保未取得相应无线电频率使用许可、无线电台执照的民用无人机无法使用无线电频率和无线电台（站）。

依法设置、使用的民用无人机无线电台（站）受到有害干扰的，可以向所在地省、自治区、直辖市无线电管理机构投诉。

无线电管理机构应当定期对民用无人机使用的无线电频率和设置、使用的无线电台（站）情况进行检查和检测，维护正常的无线电波秩序。各级无线电管理技术机构负责对无线电信号实施监测，查找无线电干扰源和未经许可设置、使用的民用无人机及相关地面无线电台（站）。

因国家安全、重大任务和重大突发事件等需要依法实行无线电管制或划设无人机管制区域时，民用无人机的使用者应当遵守相关管制规定或指令。

设置、使用民用无人机无线电台（站），应同时遵守国务院民用航空主管部门、飞行管制部门、地方政府、公安机关及其他有关部门对无人机管理的相关法律、法规及规章。

无人机无线电压制（阻断）设备配备、使用等管理办法，由国家无线电管理机构另行制定。

《暂行条例》第十五条规定，生产、维修、使用民用无人驾驶航空器系统，应当遵守无线电管理法律法规以及国家有关规定。这明确了对无人机的无线电管理要求。

4.1.3　相关行业标准制定

工业与信息化部除了承担上述两项职责外，还负责相关行业标准的制定，2021年国家标准《民用无人机地理围栏数据技术规范》正式立项，目前仍然在起草中。本标准是支撑《无人驾驶航空器飞行管理暂行条例》和《民用无人机生产制造管理办法》的重要标准。通过民用无人机加装地理围栏的措施，明确民用无人机地理围栏功能性能，限制民用无人机飞入、飞出限制区域，从源头上减小对敏感区域的风险隐患。

2022 年 8 月 1 日，由我国牵头制定的无人机领域国际标准 ISO 24356：2022《系留无人机系统通用要求》正式发布。规定了系留无人机系统组成、功能、性能等一般要求，机载监控系统、动力和电气系统、电源输送系统、地面控制站等详细要求，以及地面保障与测试验证要求，可切实指导系留无人机系统及部件的研制、生产、试验和使用。这是继 2020 年 2 月我国主导的首个无人机领域国际标准 ISO 21895：2020《无人驾驶航空器分级分类要求》发布以来，由我国主导并正式发布的第二项无人机领域国际标准。目前，我国在 ISO/TC20/SC16 仍有《民用多旋翼无人机系统试验方法》《民用轻小型多旋翼无人机飞行控制系统通用要求》《无人机感知与避撞系统》等 11 项国际标准在编，后续将陆续按程序发布。

2022 年 6 月公布的强制性国家标准《民用无人机产品安全要求（征求意见稿）》对无人机产品提出了一系列安全要求。包括：无人机的电子围栏、远程识别、应急处置、产品激活、飞行安全性、机械强度、机体结构、整机跌落、动力能源系统、可控性、感知和避让、数据链保护、电磁兼容性、抗风性、灯光、标识、使用说明书等，并规定相应的试验方法。此举为国家相关主管部门管理法规制定、研制单位设计生产工作开展、检测机构安全有效检测提供了相应的科学依据，满足我国现阶段国家安全、公共安全、个人安全及产业发展对本研究的急需，对促进我国民用无人机有序管理和规范研制起到十分积极的作用，社会效益和经济效益显著。

有关无人机的相关标准将在本书第 6 章进行介绍。

4.2 民用航空主管部门

民用无人机的空中飞行过程一直主要由民用航空主管部门来管理，包括中国民航局及所属的地区管理机构。

中国民用航空局（以下简称民航局）根据法律授权对全国民用航空活动实施统一监督管理；根据法律和国务院的决定，在本部门的权限内，发布有关民用航空活动的规定、决定。地区民用航空管理机构依照国务院民用航空主管部门的授权，监督管理各该地区的民用航空活动。民航局的监管职责主要包括：无人机驾驶员管理、实名登记、适航审定、运行管理、机场管理、空域管理等。

针对频繁出现的无人机监管问题，2018 年民航局成立民用无人驾驶航空器管理领导小组，包括运行、空管、技术应用、适航和人员资质五大专项工作组，这是民航系统有史以来最高规格的民用无人驾驶航空器管理领导小组。民航局及其职能部门在《中华人民共和国民用航空法》《中华人民共和国飞行基本规则》《通用航空飞行管制条例》的规定下，不断出台规范性文件以进行有效监管。

4.2.1 驾驶员管理

2013 年，民航局公布了《民用无人驾驶航空器系统驾驶员管理暂行规定》，

2016 年又公布了《民用无人机驾驶员管理规定》，2018 年民航局发布《民用无人机驾驶员管理规定》，对无人机系统的驾驶员实施指导性管理，主要对执照和等级的要求、分类以及颁发条件，理论、实践考试的标准、地点等进行了规定。调整监管模式，完善由局方全面直接负责执照颁发的相关配套制度和标准，细化执照和等级颁发要求和程序，明确由行业协会颁发的原合格证转换为局方颁发的执照的原则和方法。

2019 年民航局向社会公布了《民用无人机驾驶员管理规定（征求意见稿）》。此次修订的主要内容包括增加分类等级，明确飞行经历记录数据规范，细化实践考试标准执行要求，完善委任代表管理规程，将考试点全面纳入局方管理体系以加强考试点评估的规范性和提高运行的标准化程度。该《规定》目前尚未正式公布。

《暂行条例》第十六条第一款规定，操控小型、中型、大型民用无人驾驶航空器飞行的人员应当具备四项条件，并向国务院民用航空主管部门申请取得相应民用无人驾驶航空器操控员执照。

4.2.2　实名登记

为加强民用无人驾驶航空器的管理，亟须对民用无人机拥有者实施实名制登记。2017 年民航局航空器适航审定司发布《民用无人驾驶航空器实名制登记管理规定》，此规定主要包括如下内容：

首先，强调民用无人机的实名制登记的职责由航空器适航审定司、民用无人机制造商和民用无人机拥有者共同承担。其中适航审定司负责制定民用无人机实名登记政策，管理中国民用航空局民用无人机实名登记信息系统。

其次，对民用无人机的实名登记要求进行了详细规定。包括登记流程、登记的信息内容、登记标识、标志使用、登记信息更新等都做出了规定。要求申请人在"无人机实名登记系统"（https：//uas.caac.gov.cn）中上传登记信息。登记信息的详细内容包括拥有者的姓名（单位名称和法人姓名）、有效证件、移动电话、电子邮箱、产品型号、产品序号和使用目的等。

《暂行条例》第十条第一款规定，民用无人驾驶航空器所有者应当依法进行实名登记，具体办法由国务院民用航空主管部门会同有关部门制定。

4.2.3　适航审定

2019 年 1 月 25 日，航空器适航审定司发布了《基于运行风险的无人机适航审定指导意见》，提出基于运行风险的无人机适航审定理念，以期从设计制造源头确保民用无人机满足公众可接受的最低安全水平。该文件详细分析我国无人机适航审定的现状以及挑战，从总体思想、指导原则、实施路线和保障措施等方面为我国无人机开展适航审定工作提供指引。将建立运行风险评估方法，合理划分风险等级，开展分级管理。局方审查方式将从条款审查向制造厂家体系审查转变，引导厂家建立、完善适航体系，使得无人机制造厂家主动承担起适航主体责任。同时，将贯彻正向审定的原则，依照"工业标准→行业标准→适航标准"的路径，建立我国自主的无人机适航标准体系，形成"一种方法、一个体系、一套标准、一份证件"、基于运行风险的民用无人机适航管理模式。

2020年5月26日，航空器适航审定司颁布《民用无人机产品适航审定管理程序（试行）》和《民用无人机系统适航审定项目风险评估指南（试行）》。前一个文件规定了对国内民用无人驾驶航空器系统的设计生产批准函和适航批准的申请、受理、审查和颁发，以及对证件持有人的管理和监督。为简洁便利起见，将民用无人驾驶航空器系统适航审定项目的风险分为低、中、高三个等级。在项目审查过程中，局方根据项目的风险等级确定介入程度或检查频度。

后一文件规定，民用无人机系统的适航审定采取基于风险的原则，审定项目的风险评估主要包含申请人体系风险和产品风险两个方面。通过民用无人机适航审定项目风险等级矩阵确定最终的风险等级。

以上这三部适航审定的规范，代表了我国民用无人机适航审定的最新发展，涵盖了适航审定的主体、范围、标准、程序、方式等。作为"试行"文件，未来仍有较大完善空间。

《暂行条例》第八条第一款规定，从事中型、大型民用无人驾驶航空器系统的设计、生产、进口、飞行和维修活动，应当依法向国务院民用航空主管部门申请取得适航许可。

4.2.4 运行管理

近些年来，无人机违法违规飞行现象常有发生，给国家公共安全、飞行安全监管带来了严峻挑战，亟须加强对民用无人机飞行活动的监管。2015年，民航局发布针对民用无人机运行管理的咨询通告《轻小型无人机运行管理规定（试行）》，提出了适用运行管理的6类无人机，并规定了除外情况。规定了民用无人机机长的职责和权限，提出了无人机驾驶员资格要求，禁止粗心或鲁莽的操作，限制摄入酒精和药物。对飞行前准备，飞行限制区域，视距内/外飞行，仪表、设备和标识都提出了要求。规定对民用无人机的运行管理，首先要设置电子围栏，其次运营人应当对无人机投保地面第三人责任险。规定了无人机云提供商须具备的条件，以及植保无人机、无人飞艇的运行要求。

2016年民航局颁布《民用无人驾驶航空器系统空中交通管理办法》，规定民航局指导监督全国民用无人驾驶航空器系统空中交通管理工作，地区管理局负责本辖区内民用无人驾驶航空器系统空中交通服务的监督和管理工作。空管单位向其管制空域内的民用无人驾驶航空器系统提供空中交通服务。对无人机飞行的区域进行评估管理，针对民用无人驾驶航空器违规飞行影响日常运行的情况，空管单位应与机场、军航管制单位等建立通报协调关系，制定信息通报、评估处置和运行恢复的方案，保证安全，降低影响。民用无人驾驶航空器系统活动中使用无线电频率、无线电设备应当遵守国家无线电管理法规和规定，且不得对航空无线电频率造成有害干扰。

2019 年发布的《特定类无人机试运行管理规程（暂行）》，将中国国情与特定类运行风险评估方法（Specific Operations Risk Assessment，缩写 SORA）进行结合，提出了特定类运行合格审定的申请审批流程与要求，采用了基于运行风险的分类管理监管思路。民航局统一管理全国民用无人机试运行的审定、监察工作，并由无人机运行工作组负责具体工作。无人机运行工作组可根据无人机运行志愿申请人提出的试运行需求，选择具有典型性和广泛性的运行场景，派出试运行审定小组实施试运行审定，并组织相关审定培训和宣贯。试运行审定小组通常包括飞标、适航、空管等方面人员。

2018 年由国务院、中央军委空中交通管制委员会（现为中央空中交通管理委员会）组织起草的《无人驾驶航空器飞行管理暂行条例（征求意见稿）》开始向公众征求意见。"暂行条例"第五章飞行运行（第三十六条到第四十八条）对运行管理提出了较为详细的规定，规定了飞行计划的审批部门。突破现行"所有飞行必须预先提出申请，经批准后方可实施"的规定，对部分运行场景的飞行计划申请与批复流程做出适当简化。微型无人机在禁止飞行空域外飞行，无需申请飞行计划；轻型、植保无人机在相应适飞空域内飞行，只需实时报送动态信息；轻型无人机在适飞空域上方不超过飞行安全高度飞行，具备一定条件的小型无人机在轻型无人机适飞空域及上方不超过飞行安全高度的飞行，只需申请飞行计划。

《暂行条例》第二十二条规定了隔离飞行和融合飞行的批准及其例外，第二十六条规定了长期飞行活动申请以及审批、备案。第二十七条规定了飞行活动申请的内容，第二十八条规定了飞行活动申请审批权限，第二十九条规定了紧急任务飞行申请及审批，第三十条规定了起飞确认，第三十二条规定了操控飞行活动行为规范，第三十三条规定了避让规则。

4.2.5　空域管理

我国空域由国家实施统一管理，各有关飞行管制部门按照各自的职责分工提供空中交通管制服务。《民航法》第七十条规定，国家对空域实行统一管理。依据《飞行基本规则》第二十八条，中华人民共和国境内的飞行管制，由中国人民解放军空军统一组织实施，各有关飞行管制部门按照各自的职责分工提供空中交通管制服务。依据《飞行基本规则》第一百二十三条，中国民用航空总局、国家体育总局、航空工业集团公司、中国人民解放军海军、空军、总参谋部陆航局等，作为航空管理部门可以担负飞行管制任务。2018 年军改之后，总参谋部改为联合参谋部，陆航局转隶到陆军总部，继续负责相关的航空管理工作。具体而言，我国空中交通管制实行统一管制、分别指挥的体制，即在国家空中交通管理委员会领导下，全国的飞行由空军实行统一管制；军用航空器由空军、陆航和海军航空兵实施指挥，民用航空器和外国航空器由民航实施指挥；军民航空器不论在哪一个特定的空域飞行，均由一个管制单位负责指挥；在航路或航线、终端管制区、机场塔台管制区飞行，由民航系统的管制单位指挥；在军航空域飞行，由军队系统的管制单位指挥。模型航空器的管理由体育部门负责。

无人机运行空域与有人机飞行空域的隔离与融合，需要调整目前单一的空域管理体制。2010 年国务院、中央军委下发《关于深化我国低空空域管理改革的意见》，对空管部门的管理责任做了如下界定：一是合理界定安全责任，航空用户要承担目视飞行安全的主体责任，空管部门要提供仪表飞行安全间隔服务；二是严格低空空域准入资格审查，严密组织低空飞行活动；三是建立完善低空飞行违规处罚机制，实行空管、公安、工商等军地部门联合执法，严肃处理超执照等级飞行、超空域范围飞行等扰乱空中秩序的违法行为；四是军民航空管理部门牵头制定和完善低空空域飞行突发事件应急处置方案，建立应急反应机制。

2014 年《低空空域使用管理规定（试行）（征求意见稿）》发布，规定国务院、中央军委空中交通管制委员会（以下简称国家空管委）统一领导全国低空空域使用管理工作，国家空管委办公室负责指导检查工作落实，在现行空管运行体制下，军民航空管部门按照各自职责分工提供空中交通管制服务。低空空域按管制空域、监视空域和报告空域以及目视飞行航线进行分类。低空空域划设由飞行管制分区主管部门牵头，会同所在地区民航空管部门，在充分听取地方政府及航空用户需求意见的基础上共同划设，报飞行管制区主管部门批准；跨飞行管制分区在飞行管制区内的，由飞行管制区主管部门会同民航地区空管局划定；飞行管制区间的，由空军航管部门会同民航局划定。

2018 年《无人驾驶航空器飞行管理暂行条例（征求意见稿）》第四章规定了飞行空域（第二十六条到第三十五条），内容包括如下方面：其一，针对微型、轻型无人机划设不同的低空管控空域。其二，空域划设和公布的权限与程序。省级人民政府汇总各方需求并商所在战区后，向有关飞行管制部门提出轻型无人机空域划设申请；负责审批的飞行管制部门应予批复，并通报相关民用航空情报服务机构；省级人民政府发布行政管辖范围内空域划设信息，国务院民用航空主管部门收集并统一发布全国空域划设信息。其三，隔离空域的划设权限和程序等。

有关飞行管制协同制度。依据《飞行基本规则》第三十四条，担负飞行管制任务的航空管理部门及航空单位，应当按照各自的职责权限，根据本规则制定飞行管制的具体实施办法。相关飞行管制部门之间，应当制定协同制度。目前，有的地方就低空空域协同管理进行了一些探索，出台了地方性规定。《四川省低空空域协同管理与使用规定（暂行）》第六条规定，四川省低空空域协同运行中心在低空办领导下，接受西部战区空军参谋部和民航西南地区空中交通管理局业务指导，统一负责协同管理空域的运行管理和飞行服务，实行 24 小时值班制度。《四川省通用航空条例》第二十八条规定，省低空空域协同管理机构按照国家有权机关授权，负责全省低空空域资源统筹配置、运行管理和服务保障等工作。

《暂行条例》第十九条规定了无人驾驶航空器的管制空域和适飞空域，第二十条规定了临时增加管制空域的程序。

4.2.6　试验基地建设

2020 年 5 月，为探索新时代政府监管服务的新方式，形成促进无人驾驶航空行业管理与社会管理深度融合的新路径，在体制机制、政策法规等方面先行先试，有序开展我国民用无人驾驶航空试点示范工作，民航局印发《民用无人驾驶航空试验基地（试验区）建设工作指引》的通知。该通知规定了实验基地建设的目的意义、基本条件、布局选址、目标定位、重点任务、建设程序、保障措施等内容。此外，该通知还规划了包括城市、海岛、支线物流、高原、综合应用拓展的 5 种试验区。

2020 年 10 月，共计 35 个直辖市、副省级城市、地级市（区）向民航局报送了试验基地（试验区）建设申请及建设方案。结合民用无人驾驶航空试验基地（试验区）总体布局和重点任务，经过预审、答辩及实地考察三个环节的综合论证，民航局批准首批共 13 个民用无人驾驶航空试验基地（试验区），包括：上海市金山区、杭州市、自贡市、贺州市、安阳市、南京市、天津市滨海新区、北京市延庆区、榆林市、沈阳市、东营市、安庆市、赣州市。2022 年 8 月，民航局批准第二批共 4 个民用无人驾驶航空试验区：深圳、石家庄、太原、重庆，及 3 个民用无人驾驶航空试验基地：成都、青岛、吴忠。目前，在已经公布的试验区里，暂未包括高原试验区。

4.2.7　发展线路图规划

2022 年 8 月，民航局依据《中华人民共和国国民经济和社会发展第十四个五年规划和二〇三五年远景目标纲要》《交通强国建设纲要》《国家综合立体交通网规划纲要》《新时代民航强国建设行动纲要》《"十四五"民用航空发展规划》《智慧民航建设路线图》等文件，颁布了《民用无人驾驶航空发展路线图 V1.0（征求意见稿）》。规定了未来民用无人机发展的总体思路、方向、领域、主要任务、保障措施等内容。

《民用无人驾驶航空发展路线图 V1.0（征求意见稿）》规定，在各领域具体的发展目标是：第一，从遥控到自主的航空器；第二，从数字化到智慧化的运行环境；第三，从自动到智能的操控和运行；第四，从有限到全面的航行服务；第五，从单一到体系的监管能力；第六，从载货到载人的运输能力。该文件要求在 2035 年之前，建立载人无人驾驶航空交通运输系统，实现广域的运输范围和灵活高效的网络化布局，实现数字化的飞行活动保障，提供全面的航行服务，按照隔离、过渡、融合三步实现无人驾驶航空融入国家空域体系，形成一批全球领先的航空制造、飞行监控、运营服务的龙头企业，持续提升我国在无人驾驶航空国际规则和标准相关组织中的话语权，为我国全面参与国际竞争创造有利环境。

4.2.8 法规标准体系构建指南

2022 年 8 月，民航局颁布了《民用无人驾驶航空法规标准体系构建指南V1.0》。采用"1+N+X"的管理模式。"1"即 1 部规章，"N"即 N 份规范性文件及政策文件，"X"即 X 份技术标准。

技术标准体系划分与民用无人驾驶航空活动管理链条及系统风险类别相匹配。具体而言，即通过"初始适航""运行"和"经营"三个方面搭建分块结构。通过管理要素、风险类别和体例形式三个维度分层构建"运行"和"经营"两个分块结构。"运行"和"经营"下的管理要素细分为"基础通用""人员""民用无人驾驶航空器系统""空中交通管理""起降场""通信导航监视""环保""作业能力"和"服务质量"。然后在每类管理要素中，根据风险将运行和经营分为开放类、特定类和审定类。在每类风险下，将政策标准分为管理要求和技术要求。具体层级建构见下图：

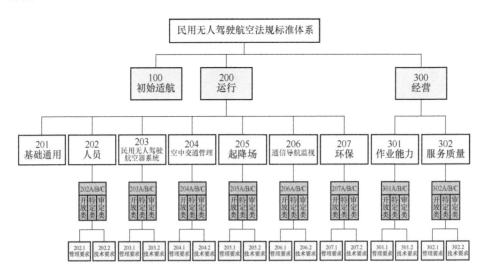

4.3　交通运输主管部门

交通运输主管部门（以下简称交通部）主要负责无人机寄递物流管理。随着人工智能、大数据等技术的创新和应用，"无人机+"逐渐成为智慧物流体系的重要组成部分，推动物流行业产业转型升级。在无人机快递领域，出现了"干线大型有人运输机+支线大型无人机+末端小型无人机"三段式空运网和"干线—支线—末端"三级无人机智慧物流体系。

交通部科技司针对无人机物流出台了一些标准，主要包括 2020 年《无人机快递投递服务规范（YZ/T 0172—2020）》，2021 年《无人机物流配送运行规范（征求意见稿）》《快递无人机联合监管信息交互规范（征求意见稿）》，以及 2022 年《邮政快递无人机监管信息交互规范（JT/T 1439—2022）》。

《无人机快递投递服务规范（YZ/T 0172—2020）》对无人机快递投递服务的服务主体、服务条件、服务流程、服务评价、服务安全、服务赔偿等均做了明确规定，适用于使用空机重量 116kg（含）以下且大起飞重量 150kg（含）以下的空速不超过 100km/h 的无人驾驶航空器（即无人机）开展的快递投递服务。

《邮政快递无人机监管信息交互规范（JT/T 1439—2022）》规定了邮政快递无人机监管的信息交换需求、信息交换流程、通信接口、报文规范和安全控制要求。

《快递无人机联合监管信息交互规范（征求意见稿）》意图规范邮政管理部门与物流无人机运营企业、民航无人机监管信息系统之间信息交换的内容、格式和技术要求，保障数据交换质量和传输安全。

《无人机物流配送运行规范（征求意见稿）》适用于使用无人机开展支线物流、末端物流的货物交接活动。运行规范规定了无人机物流配送的基本要求、场地设施要求、作业要求、信息交互和安全要求。

无人机物流在经营和运行过程中既需要满足快递运输的相关技术要求，也应该满足民航局对于无人机监管的要求。但关于无人机物流相关法规和标准非常欠缺，尚需要加快制定。

4.4　公安机关

国家法律赋予了公安机关相应的管理职责，各地的地方性法规也对违规违法的日常管理、查处处罚做出了一些规定。按照 2023 年《无人驾驶航空器飞行管理暂行条例》的规定，公安机关负责对无人机相关事项的日常管理、应急处置、违规违法飞行处置及处罚等事项，具体如下。

第一，对无人机部分环节实施日常管理。其一，根据《暂行条例》第十条的规定，与国务院民用航空主管部门会同制定有关实名登记的具体办法。其二，根据《暂行条例》第二十条的规定，协助设区的市级人民政府临时增加管制空域，发布公告。其三，根据《暂行条例》第二十一条的规定，协助设区的市级人民政府设置、检查管制空域警示标志。其四，根据《暂行条例》第二十五条的规定，公安机关配合相关部门开展对无人机飞行活动的政策法规的宣传，提示组织无人机飞行活动的单位或者个人遵守飞行安全主体责任。其五，根据《暂行条例》第二十五条的规定，军队、警察以及按照国家反恐怖主义工作领导机构有关规定由公安机关授权的高风险反恐怖重点目标管理单位，可以依法配备无人驾驶航空器反制设备，在公安机关或者有关军事机关的指导监督下从严控制设置和使用。

第二，对违规违法飞行实施先期处置与现场处置，并可以实施处置措施。根据《暂行条例》第四十一条的规定，对空中不明情况和无人驾驶航空器违规飞行，公安机关在条件有利时可以对低空目标实施先期处置，并负责违规飞行无人驾驶航空器落地后的现场处置。有关军事机关、公安机关、国家安全机关等单位按职责分工组织查证处置，民用航空管理等其他有关部门应当予以配合。

《暂行条例》第四十二条规定，无人驾驶航空器违反飞行管理规定、扰乱公共秩序或者危及公共安全的，空中交通管理机构、民用航空管理部门和公安机关可以依法采取必要技术防控、扣押有关物品、责令停止飞行、查封违法活动场所等紧急处置措施。

第三，规定了公安机关对一些事项的处罚权。其一，《暂行条例》第四十七条规定了对未经实名登记的处罚。民用无人驾驶航空器未经实名登记实施飞行活动的，由公安机关责令改正，可以处200元以下的罚款；情节严重的，处2000元以上2万元以下的罚款。其二，第五十条规定了对违反操控员资质、培训要求的处罚。无民事行为能力人、限制民事行为能力人违反本条例规定操控民用无人驾驶航空器飞行的，由公安机关对其监护人处500元以上5000元以下的罚款；情节严重的，没收实施违规飞行的无人驾驶航空器。其三，第五十一条第二款规定了对违反飞行行为规范和避让规则的处罚。未经批准操控微型、轻型、小型民用无人驾驶航空器在管制空域内飞行，或者操控模型航空器在空中交通管理机构划定的空域外飞行的，由公安机关责令停止飞行，可以处500元以下的罚款；情节严重的，没收实施违规飞行的无人驾驶航空器，并处1000元以上1万元以下的罚款。其四，第五十二条规定了对非法拥有使用反制设备的处罚。非法拥有、使用无人驾驶航空器反制设备的，由公安机关按照职责分工予以没收，可以处5万元以下的罚款；情节严重的，处5万元以上20万元以下的罚款。其五，第五十三条规定了涉外无人机违法从事测绘飞行活动的处罚。外国无人驾驶航空器或者由外国人员操控的无人驾驶航空器在我国境内实施测绘飞行活动的，情节严重的，由公安机关、国家安全机关按照职责分工决定限期出境或者驱逐出境。其六，第五十六条规定了违法飞行的治安管理处罚、刑事处罚。构成违反治安管理行为的，由公安机关依法给予治安管理处罚；构成犯罪的，依法追究刑事责任。

第四，规定了公安机关制定应急预案和定期演练的责任。按照《暂行条例》第三十九条，空中交通管理机构、民用航空管理部门以及县级以上公安机关应当制定有关无人驾驶航空器飞行安全管理的应急预案，定期演练，提高应急处置能力。

2018 年公安部发布《治安管理处罚法（修订公开征求意见稿）》，其中新增第四十六条规定，即"违反国家规定，在低空飞行无人机、动力伞、三角翼等通用航空器、航空运动器材，或者升放无人驾驶自由气球、系留气球等升空物体的，处五日以上十日以下拘留；情节较重的，处十日以上十五日以下拘留。"2023 年全国人大常委会发布的《治安管理处罚法（修订草案）》第四十六条规定"违反有关规定，在低空飞行无人驾驶航空器、航空运动器材，或者升放无人驾驶自由气球、系留气球等升空物体，情节较重的，处五日以上十日以下拘留。飞行、升放前款规定的物体非法穿越国（边）境的，处十日以上十五日以下拘留，并处一千元以上三千元以下罚款。"这些有关无人机违规违法飞行的条款，既有利于与《暂行条例》对接，授权对相关行为实行拘留处罚，也有利于细化违法情形，避免法律适用上的盲区，有利于执法的规范化。

如果无人机违规飞行严重危害公共安全，造成严重后果构成犯罪的，可以按照过失以危险方法危害公共安全罪处罚。如 2015 年北京平谷区法院审理的我国第一起无人机"黑飞"入刑的案件，依照"过失以危险方法危害公共安全罪"判处三名被告有期徒刑 1 年 6 个月，缓刑 2 年。

4.5　教育主管部门

教育主管部门负责高等教育和职业教育专业设置，近年来增设了无人机相关职业教育专业。

为应对无人机市场需求，加强职业教育国家教学标准体系建设，落实职业教育专业动态更新要求，推动专业升级和数字化改造，教育部持续对《职业教育专业目录（2010 年）》进行修订，增补新的专业。最终于 2021 年组织对职业教育专业目录进行了全面修订，形成了《职业教育专业目录（2021 年）》（以下简称《目录》）。其中无人机相关职业教育涵盖中等职业教育专业、高等职业教育专科专业和高等职业本科专业。

《目录》中无人机相关中等职业教育专业增设无人机操控与维护专业（职业代码 660601），分属 6606 航空装备类，专业方向包括：无人机装配、无人机修理、无人机应用、无人机操控等。

《目录》中无人机相关高等职业教育专科专业增设了两个专业：一是无人机测绘技术专业（职业代码 420307），分属 4203 测绘地理信息类；二是无人机应用技术专业（职业代码 460609），分属 4606 航空装备类。

《目录》中无人机相关高等职业教育本科专业增设无人机系统应用技术专业（职业代码260604），分属2606航空装备类。

为配套职业教育专业的增设，相应地在教育部职业教育1+X目录增加了无人机相关技能证书，包括无人机航空喷洒职业技能等级证书、物流无人机操作与运维职业技能等级证书、无人机拍摄职业技能等级证书、无人机操作应用职业技能等级证书等共8个。此外，教育部也曾颁布《2022—2025学年面向中小学生的全国性竞赛》，其中包括由中国航空学会主办的全国青少年无人机大赛。

4.6　人力资源和社会保障部

人力资源和社会保障部（以下简称人社部）主要负责有关无人机的职种种类设定，促进无人机相关专业就业，推动无人机专业技术人员队伍建设。

第一，规定无人机驾驶员职业种类。2019年4月1日，人社部办公厅联合其他部门办公厅发布了《人工智能工程技术人员等职业信息的通知（人社厅发〔2019〕48号）》，设定了无人机驾驶员职业。该职业从业人员是指通过远程控制设备，操控无人机完成既定飞行任务的人员。主要工作任务包括：安装、调试无人机电机、动力设备、桨叶及相应任务设备等；根据任务规划航线；根据飞行环境和气象条件校对飞行参数；操控无人机完成既定飞行任务；整理并分析采集的数据；评价飞行结果和工作效果；检查、维护、整理无人机及任务设备。

第二，规定无人机装调维修员职业种类。2020年2月，人社部办公厅联合其他部门办公厅发布了《关于发布智能制造工程技术人员等职业信息的通知（人社厅发〔2020〕17号）》，设定无人机装调维修员职业。该职业从业人员是指使用设备、工装、工具和调试软件，对无人机进行配件选型、装配、调试、检修与维护的人员。主要工作任务包括：根据无人机的产品性能等相关要求，对无人机进行配件选型、制作及测试；按照装配图等相关要求，使用专用工具进行无人机的整机装配；使用相关调试软件和工具，进行无人机系统和功能模块的联调与测试；使用专用检测仪器及软件进行无人机各系统检测、故障分析和诊断；使用相关工具，根据故障诊断结果进行无人机维修；使用专用检测工具和软件对修复后的无人机进行性能测试；根据维护保养手册，对无人机各功能模块进行维护保养；编制无人机设备装配、测试、检修维修等报告。

第三，规定无人机测绘员职业种类。2021年10月31日，人社部办公厅联合其他部门办公厅发布了《关于颁布无人机测绘操控员国家职业技能标准的通知（人社厅发〔2021〕76号）》，规定了无人机测绘操控员国家职业技能标准。该标准定义无人机测绘操控员是指使用地面控制系统，操控搭载航摄仪等传感器的无人飞行器，进行地表数据采集和影像预处理的人员。将无人机测绘操控员分为五级／初级工、四级 / 中级工、三级 / 高级工、二级 / 技师和一级 / 高级技师五个等级。对各等级从业者的技能水平和理论知识水平进行了明确规定，主要包括职业概况、基本要求、工作要求和权重表四个方面的内容。

4.7　农业农村主管部门

农业农村主管部门（以下简称农业部）主要负责对植保无人机等农用无人机实施管理。

在农业领域，无人机在农作物播种（授粉）、洒药、施肥、长势和病虫害的健康检测方面与人工和传统机械相比具有明显的优势，无人机在农业领域的应用能够更好地促进智慧农业、现代化农业的发展，为了提高农业生产的效率，农业部出台了多个法规政策来促进农用无人机的发展和应用。

4.7.1　设定植保无人机飞行标准

2018 年，农业部制定发布了《植保无人飞机质量评价技术规范》（NY/T 3213—2018）行业标准，对机具基本质量要求、安全性能、人员安全、公共安全、方法及检验规则进行了全面严谨的规定。

引导企业规范植保无人机的生产经营活动，促进植保无人机推广应用，为相关的检测机构提供检测依据，推进未来植保无人机产品满足政府主管部门的监管需求，推进农用无人机合法化进程。

4.7.2　制定农用无人机用户补贴政策

2017 年 9 月 18 日，农业部办公厅会同其他部门的办公机构发布《关于开展农机购置补贴引导植保无人飞机规范应用试点工作的通知》，决定 2017 年选择部分省份开展以农机购置补贴引导植保无人飞机规范应用试点工作。对购买农用无人机的农民（农机）专业合作社、植保作业组织、农作物病虫害统防统治组织进行补贴，鼓励对农用无人机的购买。截至 2021 年，已在 20 个省份开展试点，2020 年就使用中央财政资金 2.23 亿元，补贴购置植保无人机 9608 台。

在试点的基础上推动全面补贴。2021 年，农业部、财政部联合印发《2021—2023 年农机购置补贴实施指导意见》，其中对开展植保无人机购置补贴做出全面部署，并由农业部统一组织分类分档和测算发布最高补贴额，进一步规范补贴实施工作。

4.7.3　加强植保无人机技术创新应用

农业部、中央网信办于 2019 年印发《数字农业农村发展规划（2019—2025 年）》，提出加强无人机智能化集成与应用示范，重点攻克无人机视觉关键技术，推动单机智能化向集群智能化发展，研发人工智能搭载终端，实现实时农林植保、航拍、巡检、测产等功能。

农业部办公厅于 2014 年发布《全国蝗虫灾害可持续治理规划（2014—2020年）》提出加强对现有治蝗和农用机场的管理和应用，完善飞机作业保障设施，支持配置农用飞机或无人植保机，增强蝗灾应急防控能力。

《暂行条例》第十六条第二款规定，从事常规农用无人驾驶航空器作业飞行活动的人员由农用无人驾驶航空器系统生产者按照国务院民用航空、农业农村主管部门规定的内容进行培训和考核，合格后取得操作证书。

4.8 市场监督管理部门

市场监督管理部门主要负责检测机构认证，具体工作由国家认证认可监督管理委员会负责。市场监督管理部门下属的国家标准委员会（以下简称国标委），负责组织制定、发布相关的国家标准。

4.8.1 组织标准制定、发布

1.国家标准的制定、发布

2017 年 6 月，国标委联合科技部、工业与信息化部等部门发布《无人驾驶航空器系统标准体系建设指南（2017—2018 年版）》，明确了无人驾驶航空器系统标准体系建设的总体要求、建设内容和组织实施方式。无人驾驶航空器系统管理架构通过生命周期、分级分类和应用对象三个维度构建完成；无人驾驶航空器系统技术架构通过系统层级、分级分类和平台构型三个维度构建完成。无人驾驶航空器系统标准体系结构包括"A 基础标准""B 管理标准""C 技术标准"和"D 行业应用标准"等四个部分。

2021 年 9 月，国标委联合科技部、工业与信息化部等部门发布《无人驾驶航空器系统标准体系建设指南（2021 年版）》，提出了构建标准体系的总体要求、指导思想、基本原则、建设思路、建设内容、组织实施等，规定了基础标准、大中型、微小型无人驾驶航空器系统技术标准、行业应用标准等的建设重点。

截至 2022 年，全国航空器标准化技术委员会无人驾驶航空器系统分技术委员会（SAC/TC435/SC1）共组织制定了 23 项国家标准。其中《民用无人驾驶航空器系统分类及分级》《无人驾驶航空器系统术语》《民用多旋翼无人机系统试验方法》等 20 项国家标准已完成发布，《民用大中型无人直升机飞行控制系统通用要求》等3 项国家标准立项。2021 年开始制定《民用无人驾驶航空器系统安全要求》和《民用无人机地理围栏数据技术规范》两项强制性国家标准，其中《民用无人驾驶航空器系统安全要求》已经发布，并将于 2024 年 1 月 1 日开始实施。

2. 行业标准的制定和发布

截至 2022 年，已发布了《无人驾驶航空器系统研制单位基本条件及评价方法》等 3 项航空行业标准，完成了《民用无人机系统产品结构编码》等 7 项航空行业标准报批，15 项无人机航空行业标准已新立项。

4.8.2　认定、评定无人机检验鉴定机构

市场监督管理总局所属的国家认证认可监督管理委员会负责对无人机检验鉴定机构进行认证。中国合格评定国家认可委员会（CNAS）是根据《中华人民共和国认证认可条例》的规定，由国家认证认可监督管理委员会批准设立并授权的国家机构，统一负责对认证机构、实验室和检查机构等相关机构的认可工作。已经取得认证机构资质的，应当持续满足认证条件，并接受认证认可监督管理部门的检查。

中国民航研究院民用无人机检验中心获得中国合格评定国家认可委员会（CNAS）颁发 A 类检验机构资质，电子五所、五十四所、新疆无人机检验检测中心等单位也陆续取得无人机检测资质。截至 2022 年，全国已有十余家取得认证资质的无人机检验鉴定机构。

有关检测机构将在本书第 7 章进行介绍。

《暂行条例》第十三条第一款的规定，微轻小无人机出现质量缺陷，生产者、进口商未依法实施召回的，由国务院市场监督管理部门依法责令召回。第五十四条第一款规定，无人机产品违反产品质量或标准化管理规定，由县级以上人民政府市场监督管理部门依法处罚。第四十三条第二款规定，市场监督管理部门参与制定无人机反制设备的配备、设置、使用的授权管理办法。

4.9　中国人民解放军空域管理部门

中国人民解放军空军负责空域管理，特别是无人机主要飞行的低空空域的管理。陆航、海航管理部门在各自的职责范围内，负责相关空域的管理工作。

4.9.1　现行规定

《中华人民共和国飞行基本规则》规定了空军的管理职责：其一，统一组织飞行管制。中华人民共和国境内的飞行管制，由中国人民解放军空军统一组织实施，各有关飞行管制部门按照各自的职责分工提供空中交通管制服务。其二，拟定气球升放管理办法。升放无人驾驶航空自由气球或者可能影响飞行安全的系留气球，须经有关飞行管制部门批准。具体管理办法由国务院、中央军事委员会空中交通管制委员会会同国务院民用航空主管部门、中国人民解放军空军拟定，报国务院、中央军事委员会批准实施。其三，飞行批准和备案。所有飞行必须预先提出申请，经批准后方可实施。获准飞出或者飞入中华人民共和国领空的航空器，实施飞出或者飞

入中华人民共和国领空的飞行和各飞行管制区间的飞行，必须经中国人民解放军空军批准。民用航空的不定期运输飞行，由国务院民用航空主管部门批准，报中国人民解放军空军备案。无识别标志的航空器因特殊情况需要飞行的，必须经中国人民解放军空军批准。其四，航路、航线飞行或者转场飞行的水平间隔的拟定。航路、航线飞行或者转场飞行的水平间隔，由中国人民解放军空军会同国务院民用航空主管部门拟定，报国务院、中央军事委员会空中交通管制委员会批准。其五，通信、导航设备的增设、撤除或者变更。航路、航线地空通信、导航设备的增设、撤除或者变更，应当经中国人民解放军空军或者国务院民用航空主管部门同意。

《通用航空飞行管制条例》规定，在飞行管制区间划设临时飞行区，由中国人民解放军空军批准；临时飞行超出飞行管制区的，其飞行计划由中国人民解放军空军批准。

除了空军之外，陆军、海军在航线终端及飞行分区管理上都有一定权限。例如，滨海区域以及跨海分区飞行时，其飞行任务和飞行计划应当向海军相关管理部门提出申请。

《无人驾驶航空器飞行管理暂行条例》规定了各级空中交通管理机构按照职责分工负责本责任区内无人驾驶航空器飞行管理工作，空中交通管理机构指军队和民用航空管理部门内负责有关责任区空中交通管理的机构。

4.9.2　改革探索

前述飞行管制的基础是空域划设，对于低空空域如何对无人机开放和管理，目前的政策、法律正在探索之中。

按照2010年国务院、中央军委《关于深化我国低空空域管理改革的意见》，低空空域改革有如下计划：其一，调整审批权限。空军会同有关单位和部门，统筹公共运输航空、通用航空和军事航空低空使用需求，研究提出各类低空空域划设方案报国家空管委审批，逐步调整审批权限。其二，分情况划设监视空域、报告空域、管制空域，提供不同服务。按监视空域管理办法为通用航空飞行提供空中交通服务。民航局会同空军研究论证在现行航路内、高度4000米（含）以下，按监视空域管理办法为通用航空飞行提供空中交通服务。在空中禁区、空中危险区、国境地带、全国重点防空目标区和重点防空目标周围一定区域上空以及飞行密集地区、机场管制地带等区域，原则上不划设监视空域和报告空域。其三，完善相关飞行规则。空军会同民航局研究制定低空空域分类标准和运行管理规范，制定完善小型运输机、直升机在低空空域内的仪表、目视飞行规则及配套法规。其四，建立完善低空空域飞行违规处罚机制。其五，制定完善应急预案。

2014年《低空空域使用管理规定（试行）（征求意见稿）》建议规定空军的如下职权：其一，跨飞行管制区间划设低空空域的，由空军航管部门会同民航局划定。

低空空域划设及调整方案由空军航管部门归口报空管委办公室备案。其二，民用机场（含通用机场临时起降点）与军用机场之间的转场飞行计划，民航空管部门商相关飞行管制区主管部门或空军航管部门后审批；军用机场之间的飞行计划，由飞行管制区主管部门或空军航管部门负责审批。其三，场内场外跨飞行管制区间的飞行计划，由飞行管制区主管部门上报空军航管部门审批。其四，军民航空管部门严格按照飞行计划审批意见组织飞行计划申请与实施。

2018 年《无人驾驶航空器飞行管理暂行条例（征求意见稿）》建议规定空军的如下职权：其一，在飞行管制区间划设无人机隔离的，由空军批准。其二，无人机飞行计划超出飞行管制区的，由空军批准。其三，配合国家体育管理部门制定模型航空器管理规则。

2023 年发布的《暂行条例》对空域管理的体系产生了重要的制度创新，首次在法规中确定微轻小型无人机的适飞空域。

第 5 章

民用无人机地方性法规政策与管理

本章首先介绍了地方政府在民用无人驾驶航空器管理中的责任与义务，之后列举并介绍了涉及民用无人机管理的部分地方法律法规以及相关政策，以供读者参阅借鉴。本章梳理归纳的地方性法律法规和政策截至 2023 年 6 月。

《无人驾驶航空器飞行管理暂行规定》的出台，是首次在国家行政法规中赋予了地方政府对民用无人机管理的责任。

按照《中华人民共和国民用航空法》，民航对全国民用航空活动实施统一监督管理；依据法律和国务院的决定，在本部门的权限内，发布有关民用航空活动的规定、决定。民航设立的地区民用航空管理机构，按照授权，监督管理各地区的民用航空活动。实际上地方政府不参与民航飞行活动监管。随着民用无人机数量的增加，民航现有的监管体系法规标准和基础设施已经不适用于对大量增加的民用无人机进行有效监管。

5.1 地方政府在无人机管理中的责任

《无人驾驶航空器飞行管理暂行条例》具体规定了民用无人机的管理体制。其中 9 个条款规定了地方政府对低空飞行的无人机管理责任，包括空域及飞行活动管理、监督和应急处置等，涉及责任主体包括市级以上人民政府、县级以上人民政府以及相关机构。具体内容如下：

县级以上地方人民政府及其有关部门按照职责分工负责行政区域内无人机管理工作，应当为无人机科研创新及其成果推广应用提供支持，应当将无人机安全应急管理纳入突发事件应急管理体系，健全信息互通、协同配合的应急处置工作机制。

市级以上地方人民政府，参与保障国家重大活动以及其他大型活动，在临时增加的管制空域生效 24 小时前负责发布公告。参与保障执行军事任务或者反恐维稳、抢险救灾、医疗救护等其他紧急任务的，在临时增加的管制空域生效 30 分钟前负责发布紧急公告。

市级人民政府应组织设置按照国家空中交通管理领导机构规定所需的管制空域

地面警示标志，并加强日常巡查。

县级以上公安机关，应配合空中交通管理机构、民用航空管理部门共同制定有关无人驾驶航空器飞行安全管理的应急预案，定期演练，提高应急处置能力。

县级以上人民政府工业和信息化主管部门，负责对未按工业和信息化部规定为产品设置识别码的民用无人机系统生产者责令改正、没收违法所得及罚款，以及对拒不改正的责令停业整顿。

县级以上地方人民政府农业农村主管部门，负责对未取得操作证书而从事常规农用无人驾驶航空器作业及飞行活动的责令停止作业，并罚款。

县级以上人民政府测绘地理信息主管部门，负责对违反本条例规定在我国境内实施测绘飞行活动的外国无人驾驶航空器或者由外国人员操控的无人驾驶航空器责令停止违法行为，没收违法所得、测绘成果及所用无人机，并罚款。

县级以上人民政府市场监督管理部门，负责对违反产品质量或者标准化管理等有关法律法规生产、改装、组装、拼装、销售和召回微型、轻型、小型民用无人驾驶航空器系统的实施依法处罚。

《暂行条例》生效之后，各县级以上人民政府应按照国家法规履行职责，承担对民用无人机管理的责任。各地方政府的规定与《暂行条例》不一致的，按照《暂行条例》执行。

5.2　各省市地方政府颁布的无人机管理法律法规

自 2014 年以来，随着轻小型消费级无人机的普及，民用无人机的数量迅速增长。为规范无人机的生产、制造、使用及运营，地方政府出台了诸多相关法规，以此强化对无人机的管理。

2022 年 7 月，湖南省通过了《湖南省通用航空条例》，为湖南省低空空域管理改革助力，成为全国首个在通用航空管理方向的地方立法。已经出台的法规包括《四川省民用无人驾驶航空器安全管理暂行规定》《浙江省无人驾驶航空器公共安全管理规定》《新疆维吾尔自治区民用无人驾驶航空器安全管理规定》等。

为维护大型活动期间的治安，地方相关部门也在法律法规等非时效性管理体系之外发布了对无人机进行短暂区域管理的通告，例如上海发布的《上海市人民政府关于加强首届中国国际进口博览会期间无人机等"低慢小"航空器安全管理的通告》及北京市公安局发布的《北京市公安局关于加强 2023 年全国"两会"期间北京地区"低慢小"航空器管理工作的通告》等。

因无人机省级地方性立法比较有限，本章节列举各地方政府发布的无人机管理相关法规以做进一步介绍。

5.2.1 四川省

2017 年 8 月，四川省人民政府公布《四川省民用无人驾驶航空器安全管理暂行规定》。该规定共计六章三十八条，明确了相关部门职责，并对无人驾驶航空器的日常管理、飞行管理、应急处置和法律责任进行了详细的规定，同时明确对民用无人驾驶航空器空域实行管控空域、报备空域和自飞空域分类管理。

5.2.2 新疆维吾尔自治区

2018 年 5 月，新疆维吾尔自治区人民政府发布《新疆维吾尔自治区民用无人驾驶航空器安全管理规定》，并于同年 7 月 1 日起施行。《管理规定》从各部门工作职责、日常管理、飞行管理、应急处置、法律责任等方面提出了相关规定。其中民用无人机飞行区域实行分类管理，划分为管控区域和自飞区域，遇有重大活动或者突发事件的，实行临时禁飞管制。

5.2.3 广东省

2018 年 5 月，《广东省民用无人驾驶航空器治安管理办法》在广东省人民政府法制办公室网站公开征集意见。拟规定各级公安机关负责本行政区域内民用无人驾驶航空器治安管理工作，明确军民航机场、铁路高速、人员密集区域等为禁飞区。该管理办法规定"不得非法改装航空器或者改变航空器出厂飞行性能设置；保证持有航空器为合法用途，不得转让他人实施非法活动；在民航系统如实登记注册，并粘贴登记标志；发生转让、损毁、报废、被盗等情况，及时变更或者注销信息"。依据该管理办法，违反禁飞规定的，由公安机关责令改正，给予警告；情节严重的，对个人处 500 元以上 1000 元以下罚款，对单位处 1 万元以上 3 万元以下罚款。

5.2.4 浙江省

2019 年 3 月，《浙江省无人驾驶航空器公共安全管理规定》是经浙江省人民代表大会常务委员会颁布的地方性法律，并于同年 7 月 1 日起实施。根据该规定，无人驾驶航空器生产企业应当按照国家和省有关规定，在无人驾驶航空器上安装电子围栏，并采取技术措施防止恶意改装或者改变设置。任何单位、个人不得违反规定改装无人驾驶航空器，不得擅自改变、破坏无人驾驶航空器电子围栏。根据该规定，改装无人驾驶航空器可能危及公共安全，或者擅自改变、破坏无人驾驶航空器电子围栏的；或是在禁飞时间、禁飞区域内飞行，由公安机关责令改正，对单位处 2 万元以上 10 万元以下罚款，对个人处 1000 元以上 5000 元以下罚款。《浙江省无人驾驶航空器公共安全管理规定》是全国首部规范无人驾驶航空器保障公共安全的地方性法规，为加强和规范无人驾驶航空器安全管理、保障公共安全、维护社会秩序而制定。

5.2.5　海南省

2020 年 4 月，海南省交通运输厅出台并施行《海南省民用无人机管理办法（暂行）》，公布了无人机适飞区和管控区，是海南建立无人机综合监管试验平台的基础。该管理办法除对飞行申请计划实现一站申报、简化相关流程、明确申报主体与审批主体之外，还根据无人机在其省内农牧林领域实际应用需求，着重规范植保无人机的适飞空域，使得植保无人机拥有了更加明确的应用范围和空间。

5.2.6　湖南省

2022 年 12 月，湖南省人民政府办公厅印发《湖南省无人驾驶航空器公共安全管理暂行办法》，分为总则、公共安全管理、应急处置、违规违法行为查处、附则等 5 章。该办法意在构建"政府统筹、公安牵头、行业配合、社会参与"的管理机制，共同推进全省无人驾驶航空器公共安全管理。

5.2.7　重庆市

2017 年 11 月，重庆市人民政府发布《重庆市民用无人驾驶航空器管理暂行办法》。该办法明确了主管部门职责：民航部门依法对民用无人机和从事民用无人机活动的单位、个人等进行实名登记管理，及时查处违法违规飞行，加强行业监管。该办法还对生产企业的义务进行了规定。要求民用无人机生产企业应当按照民航部门的相关规定对其产品的名称、型号、最大起飞重量、空机重量、产品类型和民用无人机购买者姓名、移动电话等信息进行登记。要求企业按照国家有关规定在民用无人机上安装飞行控制芯片、设置禁飞区域软件，采取防止改装或者改变设置的技术措施。该办法对无人飞行严控区域进行了界定，明确了严禁民用无人机飞行的区域。

5.2.8　深圳市

2019 年 3 月，深圳市人民政府发布《深圳市民用微轻型无人机管理暂行办法》，对微型无人机及轻型无人机的生产、销售、飞行及安全进行管理。该办法规定市公安机关履行职责，建立深圳无人机飞行动态管理系统，负责系统管理和维护，做好与飞行管制部门无人机飞行综合监管平台的数据对接。

2021 年 10 月，深圳市司法局发布《深圳市民用无人机管理暂行办法（征求意见稿）》，新增小、中、大型无人机的管理规定，提出实行分类管理，并完善了监管措施。同时，结合深圳具有全国最多无人机研发生产企业的特点和多家大型物流配送无人机试点在深圳落地的实情，新增了"研发试验验证飞行管理""物流配送飞行管理"专章等体现深圳立法特色的内容。该办法明确了各类违法违规行为的处罚措施。无人机所有人违反规定，未在民用航空管理部门无人机实名登记系统上完成实名登记的，由民航深圳监管局责令改正，处 1000 元罚款。无人机所有人用无人机从事经营性飞行活动未完成实名登记的，由民航深圳监管局处 5000 元罚款。未取得运营合格证或者超出许可范围从事无人机经营性飞行活动的，由民航深圳监管局责令停止飞行，并处 5 万元以上 30 万元以下罚款；超出许可范围经营的，可暂扣直至吊销有关经营许可。

5.2.9　厦门市

2020 年 4 月，厦门市政府发布《厦门市民用无人驾驶航空器公共安全管理办法》。该管理办法明确指出：在学校、幼儿园、医院、车站、客运码头、商场、体育场馆、展览馆、公园、电影院、剧院等公众聚集、人员密集场所及大型活动现场使用民用无人驾驶航空器的，民用无人驾驶航空器拥有者或者驾驶员应当在飞行的 24 小时前通过民用无人驾驶航空器公共安全管理服务系统报告起飞位置和飞行范围。需要办理飞行审批手续的应当依法办理。民用无人驾驶航空器飞行前，未通过民用无人驾驶航空器公共安全管理服务系统报告起飞位置和飞行范围的，由公安机关给予警告；情节严重的，对个人处以 1000 元罚款，对单位处以 5000 元罚款。

5.2.10　济南市

2023 年 2 月，济南市人民政府官网公开《济南市民用无人驾驶航空器公共安全管理办法（征求意见稿）》并向社会公开征求意见。该管理办法对民用无人机的概念进行清晰界定并明确种类或者范围，明确了政府相关工作机制和各部门的职责，对可飞空域和禁飞区域进行原则性规定，明确了涉"无人机"类违法行为的法律责任。

5.3　地方政府的民用无人机产业规划政策

国家"十四五"规划中包含许多无人机相关行业的规划，为鼓励和推动无人机产业发展，在不同领域积极助力无人机应用，各省市响应国家号召，根据国家规划纷纷制定了相应的地方规划政策。

在众多地方规划政策中，与无人机相关的主要体现在综合运输、数字经济、农业农村现代化、国家应急体系、生态保护监管、物流等领域的应用，例如《云南省"十四五"综合交通运输发展规划》《广东省数字经济发展指引 1.0》《福建省"十四五"推进农业农村现代化实施方案》《内蒙古自治区"十四五"应急体系建设规划》《郑州市"十四五"生态环境保护规划》《广西物流业发展"十四五"规划》等。本章节列举部分地方政府机构发布的规划性政策以做介绍。

5.3.1　广东省

2022 年 5 月，广州市政府办公厅发布《广州市工业和信息化发展"十四五"规划》。该规划明确支持高性能无人机专用芯片、飞控系统、动力系统、传感器等关键技术研发突破，做大做强无人机产业，加快无人机在物流、农业、测绘、电力巡检、安全巡逻、应急救援等领域推广应用。打造全国领先的无人机测试基地，加快推广智能化无人机农场。

2022 年 7 月，广东省工业和信息化厅发布《广东省数字经济发展指引 1.0》。该指引明确围绕教育、医疗、交通、旅游等领域，大力发展智能无人机等公共服务类智能产品，推动林业数字化，集成通信中继、无人机数据接收等功能，推进数字林场建设，利用无人机巡航、物联网等信息技术实现林场经营管理服务全业务可视化和智能化集中运营。有条件的地市在疫情常态化的背景下，积极探索发展无人机配送等创新模式。支持无人机等技术在文化领域应用，发展无人机表演等产品。

5.3.2　江西省

2022 年 6 月，江西省政府发布《江西省"十四五"数字经济发展规划》，明确积极布局无人机领域，以国家深化低空空域改革为契机，大力开发轻型、中型无人直升机及固定翼、多旋翼无人机，扶持壮大一批产业链上下游骨干企业，推进无人机产业快速发展，力争整条赛道规模达到百亿。

5.3.3　云南省

2022 年 6 月，云南省发展改革委发布《云南省现代物流业发展三年行动（2022—2024 年）》。该规划明确了推广无人机等新型航空物流设施建设。支持玉溪市基于玉溪支线机场，合作打造无人机物流枢纽，为全省提供可借鉴、可复制的经验做法。积极引进无人机运营企业，尽快突破技术瓶颈，合理利用现有机场资源，构建无人机货运网络。

2022 年 7 月，云南省政府发布《云南省"十四五"现代物流业发展规划》。该规划支持具备条件的州、市建设无人机物流枢纽，探索发展无人机配送等新模式；提升应急物流装备水平，依托具有物流投送能力的直升机、无人机等专业设备，实现应急物资快速运输、快速抵达；提升"无接触"应急物流装备水平，在具备条件的州、市开展无人机配送。

5.3.4　吉林省

2022 年 8 月，吉林省发展改革委发布《吉林省"十四五"现代流通体系建设方案》。该方案明确推广集约智慧绿色物流发展新模式，推广应用无人机等智慧物流设备，推进城际干线运输和城市末端配送有机衔接，探索丰富无人机等城市配送应用场景。

5.3.5　天津市

2022 年 5 月，天津市政府办公厅发布《天津市航空物流发展"十四五"规划》，提出推进无人机研发制造和通用航空配套产品生产，构建大物流多式联运体系，加快制定无人机物流配送审定程序、运输标准，推进无人机物流配送试点工作，支持物流企业利用无人机提供航空物流解决方案。

5.3.6　上海市

2022 年 9 月，《上海市促进人工智能产业发展条例（草案）》经上海市十五届人大常委会第四十四次会议表决通过，于 2022 年 10 月 1 日起实施。该条例鼓励无人机产业发展，支持建设民用无人驾驶航空试验基地（试验区）、无人机起降点及通用机场、无人机运行管理服务平台，加强多部门协同监管，通过运行管理服务平台提供航路航线规划、电子围栏设置等服务，支持拓展无人机应用场景。浦东新区引领在无人机和无人船的测试与运营等领域加大创新试点力度。

5.3.7　深圳市

2022 年 3 月，深圳市政府印发《深圳市推进新型信息基础设施建设行动计划（2022—2025 年）》。该计划提出建设低空民用无人机联网系统；鼓励开展 5G、物联网、人工智能等新一代信息技术与民用无人机融合示范应用工程建设，推动民用无人机在智慧城市公共服务、应急管理、安全防范、物流快递、地理测绘、环境监测、安全巡查等行业领域的创新应用；建设无人机城市低空物流运营中心和调度监管平台，构建城市低空物流网络，提升城市管理科学化、精细化、智能化水平。

5.3.8　成都市

2022 年 4 月，成都市发展改革委发布《成都市"十四五"数字经济发展规划》。该发展规划明确聚焦凸显数字产业融合性，突出发展无人机等新型优势产业。聚焦无人机，重点提升工业无人机产能，强化品牌优势，推进无人机技术研发和制造跨界融合，释放无人机应用场景。重点发展无人机设计研发、工业无人机整机及无人机应用等。加快发展无人机设计研发，推进无人机技术研发、制造与飞行汽车跨界融合，探索未来出行新模式。大力发展无人机整机，拓展工业无人机材料—零部件—整机生产产业链，强化工业无人机产能和品牌优势。推广应用 5G 网联无人机综合管控平台等创新产品，拓展航空拍摄、国土测绘、应急救援、农林植保、物流运输等领域无人机应用场景。

5.4　地方政府发布的民用无人机产业鼓励政策

为了鼓励民用无人机产业发展，各省市地方政府发布了包括财政补贴和奖励等多项政策。有专项鼓励政策，如《关于促进工业无人机产业高质量发展的专项政策（征求意见稿）》（成都市）等；有普惠性民用无人机可以适用的政策，如《深圳市科学技术奖（标准奖）奖励办法实施细则》等；也有宏观指导性政策《广东省2021 年农业机械化工作要点》《北京市机器人产业创新发展行动方案（2019—2022年）》等。本章节重点对内容涉及明确补贴和奖励的政策做介绍。

5.4.1　湖北省

2018 年，湖北省农业厅研究制定《湖北省 2018—2020 年植保无人飞机购置补贴试点实施方案》，对补贴工作进行了部署。该实施方案对额定载药量 10 ～ 20L 电动多旋翼植保无人飞机进行补贴，补贴额 15000 元。全省植保无人飞机补贴试点年度资金量不超过 1000 万元，各试点县（市、区）在本地年度购机补贴资金额度中安排使用。

5.4.2　安徽省

2022 年 4 月，安徽省农业农村厅、安徽省财政厅联合印发了《关于继续开展植保无人驾驶航空器规范应用试点工作的通知》，宣布继续在安徽全省范围内开展植保无人驾驶航空器补贴试点工作，补贴总量不超过 5000 万元，各县（市、区）补贴资金不得超过 100 万元。补贴共分 5 个档次，多旋翼植保无人驾驶航空器 3 个档次，单旋翼 2 个档次。补贴对象为从事植保作业的农业生产经营组织，主要包括农民（农机）专业合作社、植保作业公司、农作物病虫害统防统治组织等，对个人购置植保无人驾驶航空器暂不予补贴，同一购机组织年度补贴量不超过 10 台。该通知对试点产品技术条件、生产企业条件、补贴申请条件及材料等进行了详细说明。

5.4.3　成都市

2022 年 3 月，成都市经济和信息化局发布《关于促进工业无人机产业高质量发展的专项政策》。该专项政策明确六条专项支持政策，包括支持创建无人机产业专业园区、支持开展无人机试飞基地建设、支持企业申报科技创新平台、支持企业做强无人机拳头产品、支持企业争取国家级示范项目、支持企业参与无人机标准制定。政策对新获批的国家级、省级和市级无人机产业园分别给予 1000 万元、300 万元和 200 万元的一次性奖励；对于成功建成无人机试飞基地且向 3 户以上无人机整机企业提供试飞服务的单位，按固定翼和旋翼无人机试飞基地区分，分别给予 600万元、300 万元的一次性奖励。政策有效期 3 年。

5.4.4　深圳市

2022 年 10 月，深圳市市场监督管理局印发《深圳市市场监督管理局关于市科学技术奖标准奖的实施细则》，该奖项针对标准制定工作予以奖励，可以适用于民用无人机的标准制定。根据该实施细则，标准奖每年评审一次，奖项不分等级，每年授奖总数不超过 15 项，每项奖励 30 万元。标准奖的项目范围是指现行有效且实施 2 年以上（含 2 年）4 年以内的下列标准：国家标准、行业标准（需在国家标准化管理委员会备案）、地方标准，在国家或者深圳市团体标准信息平台进行自我声明公开的团体标准，由我国专家牵头起草制定并由国际标准化组织（ISO）、国际电工委员会（IEC）、国际电信联盟（ITU）、《采用国际标准管理办法》确认的其他国际组织发布的国际标准以及其他重要组织发布的国际先进标准。

5.5　地方政府实施的民用无人机监管措施

近年来，民用无人机的大范围推广和应用如雨后春笋般涌现，基于无人机的管理方式较滞后于技术和产业发展，目前我国地方政府出台的大部分涉及民用无人机的管理办法及实施方案处于初期制定和暂行阶段，有对应部分无人机管理的也有包含所有民用无人驾驶航空器的。本章将列举地方政府近年来公布的无人机管理政策及措施。

5.5.1　地方政府颁布的无人机管理实施办法

1. 湖北省

2017 年 11 月，湖北省省政府印发《湖北省无人驾驶航空器专项整治联防联控工作实施方案》。该实施方案掌握无人驾驶航空器生产企业及数量，划设机场净空保护区和无人驾驶航空器可飞区域、查处无人驾驶航空器在机场净空保护区内非法升空问题、教育引导广大航空爱好者知法、守法、合法飞行。《实施方案》从生产、销售、使用、监管等环节入手，逐步构建无人驾驶航空器管控体系，有效遏制社会面消费级无人驾驶航空器违法违规飞行问题。

2. 河南省

无人机调查作为农业遥感测量的重要组成部分，近年来，在面积调查、苗情监控、灾害救助、长势监测等方面发挥了不可替代的作用。2022 年 3 月，国家统计局河南调查总队发布《农业调查无人机使用管理办法（试行）》，对河南国家调查队系统及粮食大县统计局农业调查无人机飞行管理工作做出安排部署，进一步规范无人机调查工作管理。该管理办法明确为加强现代信息技术在调查工作中的应用，规范使用无人机开展农业统计调查及相关活动。

5.5.2　地方政府构建的无人机综合监管实验平台

1. 深圳市

2018 年，深圳市发布了《深圳地区无人机飞行管理试点工作实施方案》和《深圳地区无人机飞行管理实施办法（暂行）》，并配套推出了无人机综合监管平台。这是国内首个无人机综合监管平台，标志着空地联合、放管结合、多部门协同管理无人机的试点工作进入试运行阶段。

2. 海南省

2020 年，海南省交通运输厅颁布《海南省民用无人机管理办法（暂行）》为海南开展无人机综合监管试验平台建设提供了内容和运行的基础条件。该管理办法重点强调了"放管结合"理念，明确划分管控空域，简化飞行前申报与审批程序，建立海南无人机综合监管试验平台。

当前民航局无人驾驶航空器空管信息服务系统已经覆盖了深圳、海南及上海金山区等地，适飞空域查询及飞行申请等功能可由该系统实现。

第 6 章

无人机标准体系

本章将介绍国际上的民用无人机标准制定组织，以及国内的民用无人机标准制定情况及现有标准体系。

随着无人机技术的迅速发展和广泛应用，各国政府和标准制定机构都在积极推动无人机标准的发展和制定，无人机标准总体情况呈现出快速增长的趋势。随着《暂行条例》的颁布实施，低空空域的逐步开放，急需相关标准来规范无人机市场，保障其健康可持续的发展。在国内，国家市场监督管理总局（国家标准化管理委员会）是主要的标准管理单位，国家标准委根据国家法律法规和标准化管理规定，对民用无人机领域进行标准化管理和指导负责组织制定和审查民用无人机的相关标准，包括无人机系统的技术要求、试验方法、使用规范等。此外，国际标准化组织航空航天器技术委员会无人机系统分技术委员会（ISO/TC20/SC16）也制定了大量的无人机标准，涵盖了无人机系统的多个方面，包括飞行性能、安全性、可靠性、维护性等。无人机标准主要涉及电子围栏、远程识别、应急处置、结构强度、机体结构、整机跌落、动力能源系统、可控性、防差错、感知和避让、数据链保护、电磁兼容性、抗风性、噪声、灯光、标识、使用说明书等。这些标准旨在确保民用无人机系统的安全性、可靠性和合规性，以保障公共安全和国家安全。随着无人机技术的不断创新和广泛应用，无人机标准的制定也将不断跟进和完善。

6.1　国际上主要民用无人机标准组织和标准制定情况

有关民用无人机的国际主要标准组织有国际标准化组织（International Organization for Standardization，简称 ISO）、国际电工委员会（International Electrotechnical Commission，简称 IEC）、国际电信联盟（International Telecommunication Union，简称 ITU），以及一些国际上的组织，例如电气电子工程师学会（the Institute of Electrical and Electronics Engineers，简称 IEEE）、美国材料与试验协会（American Society for Testing and Materials，简称 ASTM）、英国标准协会（British Standards Institution，简称 BSI）、德国标准化学会（Deutsches Institut für Normung e.V.，简称 DIN）。

国际标准化组织 ISO 成立于 1946 年，总部设于瑞士日内瓦，其成员由来自世界上 100 多个国家的国家标准化团体组成，中国是 ISO 的正式成员，代表中国参加 ISO 的国家机构是国家市场监督管理总局。ISO 标准的内容涉及广泛，截至 2023 年 3 月，ISO 已经发布了 17000 多个国际标准，如著名的 ISO9000 质量管理系列标准。

ISO 中有关民用无人机的标准主要由国际标准化组织航空航天器技术委员会无人机系统分技术委员会（ISO/TC20/SC16）负责。ISO/TC20/SC16 于 2015 年成立，我国经过近 8 年的艰苦努力，在无人机国际标准方面取得了重要进展：一是承担了 ISO/TC20/SC16 中检测与评价、无人机子系统和噪声测量等三个工作组召集人任职，为无人机国际标准化的持续开展奠定基础；二是持续推动立项 13 项无人机领域 ISO 国际标准，并已发布 6 项，积累了大量国际标准编制经验。

ISO/TC20/SC16 下设 10 个工作组，具体信息见表 6-1。

表 6-1　ISO/TC20/SC16 下设 10 个工作组

ISO/TC20/SC16/AG5	Detect And Avoid（DAA）探测与避让
ISO/TC20/SC16/CAG	Chair's Advisory Group 主席顾问组
ISO/TC20/SC16/WG1	General 通用规范
ISO/TC20/SC16/WG2	Product manufacturing and maintenance 生产制造和维护
ISO/TC20/SC16/WG3	Operations and procedures 运行和程序
ISO/TC20/SC16/WG4	UAS Traffic Management 空中交通管理
ISO/TC20/SC16/WG5 （中国人负责）	Testing and evaluation 检测与评价
ISO/TC20/SC16/WG6 （中国人负责）	UAS subsystems 子系统
ISO/TC20/SC16/JWG7 （中国人负责）	Joint ISO/TC20/SC16 - ISO/TC43/SC1 WG：Noise measurements for UAS（Unmanned Aircraft Systems）噪声测试
ISO/TC20/SC16/WG8	Counter UAS 反无人机系统

截至 2023 年 3 月，ISO/TC20/SC16 目录下已正式发布涉及民用无人机的国际标准主要有 14 个，见表 6-2。

表 6-2　ISO/TC20/SC16 发布的无人机标准

ISO 涉及民用无人机的国际标准名称中英文对照	
1. ISO 5015—2：2022，无人机系统——第 2 部分：垂直起降（VTOL）无人机（UA）垂直机场的操作	Unmanned aircraft systems — Part 2：Operation of vertiports for vertical take-off and landing（VTOL）unmanned aircraft（UA）
2. ISO 21384-2：2021，无人机系统——第 2 部分：无人机系统组件	Unmanned aircraft systems — Part 2：UAS components
3. ISO 21384-3：2019，无人机系统——第 3 部分：操作程序	Unmanned aircraft systems — Part 3：Operational procedures
4. ISO 21384-4：2020，无人机系统——第 4 部分：词汇	Unmanned aircraft systems — Part 4：Vocabulary
5. ISO 23665：2021，无人机系统——对参与无人机系统操作的人员进行培训	Unmanned aircraft systems — Training for personnel involved in UAS operations
6.ISO/TR 23629-1：2020，无人机系统交通管理（UTM）——第 1 部分：无人机系统交通管理调查结果	UAS traffic management（UTM）— Part 1：Survey results on UTM
7. ISO 23629-7：2021，无人机系统交通管理（UTM）——第 7 部分：空间数据的数据模型	UAS traffic management（UTM）— Part 7：Data model for spatial data
8. ISO 23629-12：2022，无人机系统交通管理（UTM）——第 12 部分：UTM 服务提供商的要求	UAS traffic management（UTM）　— Part 12：Requirements for UTM service providers
9. ISO 21895：2020，民用无人机系统的分类与分级	Categorization and classification of civil unmanned aircraft systems
10. ISO 24356：2022，系留无人机系统的一般要求	General requirements for tethered unmanned aircraft systems
11. ISO 4358：2023《民用多旋翼无人机系统试验方法》	Test methods for multicopter unmanned aircraft systems
12. ISO 24355：2023《民用轻小型多旋翼无人机飞行控制系统通用要求》	Flight control system for civil small and light multicopter unmanned aircraft systems（UAS）— General requirements
13. ISO 24352：2023《轻小型无人机用电动能源系统技术要求》	Technical requirements for small unmanned aircraft electric energy systems
14. ISO 24354：2023《民用轻小型无人机系统任务载荷接口通用要求》	General requirements for the payload interface of civil unmanned aircraft systems

6.1.2　国际电工委员会 IEC

国际电工委员会 IEC 成立于 1906 年，是世界上成立最早的国际性电工标准化机构，负责有关电气工程和电子工程领域中的国际标准化工作。

IEC 中有关民用无人机的标准主要由国际电工委员会燃料电池技术委员会（IEC/TC105）负责。截至 2023 年 3 月，IEC/TC105 目录下已正式发布涉及民用无人机的国际标准见表 6-3。

表 6-3　IEC 发布的无人机标准

IEC 涉及民用无人机的国际标准名称中英文对照	
IEC 62282—4—202 ED1，燃料电池技术—第 4—202 部分：用于无人机系统的燃料电池动力系统—性能测试方法	Fuel cell technologies — Part 4-202 : Fuel Cell Power Systems for unmanned aircraft systems - Performance test methods

　　IEC 与 ISO 最大的区别是工作模式的不同。ISO 的工作模式是分散型的，技术工作主要由各国承担的技术委员会秘书处管理，ISO 中央秘书处负责协商，只有到了国际标准草案（DIS）阶段 ISO 才予以介入。而 IEC 采取集中管理模式，即所有的文件从一开始就由 IEC 中央办公室负责管理。

6.1.3　国际电信联盟 ITU

　　国际电信联盟 ITU 是联合国的一个重要专门机构，也是联合国机构中历史最长的一个国际组织，简称"国际电联"。国际电联总部设于瑞士日内瓦，其成员包括 193 个成员国和 700 多个部门。

　　ITU 中有关民用无人机的标准主要由国际电信联盟第 16 研究组（ITU-T SG16）负责。截至 2023 年 3 月，ITU 已正式发布涉及民用无人机的国际标准见表 6-4。

表 6-4　ITU 发布的无人机的标准

ITU 涉及民用无人机的国际标准名称中英文对照	
1. ITU-T Y.4215（02/2022）：无人机系统用于物联网的用例、要求和功能	Use cases，requirements and capabilities of unmanned aircraft systems for the Internet of things
2. ITU-T Y.4421（10/2021）：使用 IMT—2020 网络的无人机和无人机控制器的功能架构	Functional architecture for unmanned aerial vehicles and unmanned aerial vehicle controllers using IMT-2020 networks
3. ITU-T Y.4559（12/2020）：无人机基站巡检服务需求及功能架构	Requirements and functional architecture of base station inspection services using unmanned aerial vehicles
4. ITU-T X.677（03/2020）：基于物体标识符的无人机识别机制	Identification mechanism for unmanned aerial vehicles using object identifiers

6.1.4　电气电子工程师学会 IEEE

　　电气电子工程师学会 IEEE 的前身是成立于 1884 年的美国电气工程师协会和成立于 1912 年的无线电工程师协会。1963 年，两个协会宣布合并，IEEE 正式成立。IEEE 在全球 160 多个国家拥有 430000 多名会员，设有 7 个委员会（Committee）、39 个专业学科的协会（Society）、380 多个学组（Chapter），覆盖了电力、电子、信息等广泛领域。截至 2023 年 3 月，IEEE 已正式发布涉及民用无人机的国际标准见表 6-5。

表 6-5　IEEE 发布的无人机标准

IEEE 涉及民用无人机的国际标准名称中英文对照	
1. IEEE P1936.2/D3.2，IEEE 架空输电线路工程民用轻型和小型无人机系统摄影测量技术标准草案	IEEE Draft Standard for Photogrammetric Technical Standard of Civil Light and Small Unmanned Aircraft Systems for Overhead Transmission Line Engineering
2. IEEE P1937.1—2020，无人机中有效载荷设备的 IEEE 标准接口要求和性能特征	IEEE Standard Interface Requirements and Performance Characteristics of Payload Devices in Drones
3. IEEE P1936.1—2020，IEEE 无人机应用框架标准草案	IEEE Draft Standard for Drone Applications Framework
4. IEEE Std 1936.1—2021，IEEE 批准的无人机应用框架标准草案	IEEE Approved Draft Standard for Drone Applications Framework
5. IEEE P1937.1/D7.0，IEEE 批准的无人机有效载荷设备的标准接口要求和性能特征草案	IEEE Approved Draft Standard Interface Requirements and Performance Characteristics for Payload Devices in Drones
6. IEEE Std 1939.1—2021，IEEE 无人机（UAV）操作低空空域结构框架标准	IEEE Standard for a Framework for Structuring Low-Altitude Airspace for Unmanned Aerial Vehicle（UAV）Operations

6.1.5　美国材料与试验协会 ASTM

美国材料与试验协会 ASTM，其前身是国际材料试验协会，ASTM 标准制定一直采用自愿达成一致意见的制度。标准制度由技术委员会负责，由标准工作组起草，经过技术分委员会和技术委员会投票表决，在采纳大多数会员共同意见后，并由大多数会员投票赞成，标准才获批准，作为正式标准出版。在一项标准编制过程中，对该编制感兴趣的每个会员和任何热心的团体都有权充分发表意见，委员会对提出的意见都给予研究和处理，以吸收各方面的正确意见和建议。

截至 2023 年 3 月，ASTM 中有关民用无人机的标准见表 6-6。

表 6-6　ASTM 发布的无人机标准

ASTM 涉及民用无人机的国际标准名称中英文对照	
1. F3341/F3341M—22，无人机系统的标准术语	Standard Terminology for unmanned aircraft systems
2. F3005—22，小型无人机系统（sUAS）用电池标准规范	Standard Specification for Batteries for Use in Small Unmanned Aircraft Systems（sUAS）
3. F2851—10，无人机注册和标记标准操作规程（不包括小型无人驾驶航空器系统）	Standard Practice for UAS Registration and Marking（Excluding Small Unmanned Aircraft Systems）
4. F3298—19，轻型无人机系统（UAS）的设计、建造和验证标准规范	Standard Specification for Design, Construction, and Verification of Lightweight Unmanned Aircraft Systems（UAS）

（续）

ASTM 涉及民用无人机的国际标准名称中英文对照	
5. F2909—19，轻型无人机系统持续适航的标准规范	Standard Specification for Continued Airworthiness of Lightweight Unmanned Aircraft Systems
6. F3002—22，小型无人机系统（sUAS）指挥和控制系统设计标准规范	Standard Specification for Design of the Command and Control System for Small Unmanned Aircraft Systems（sUAS）
7. F2849—10，在改道机场处理无人机系统的标准实践	F2849-10（2019）Standard Practice for Handling of Unmanned Aircraft Systems at Divert Airfields
8. F3269—21，使用运行时保证对包含复杂功能的飞机系统的安全约束行为的方法的标准实践	Standard Practice for Methods to Safely Bound Behavior of Aircraft Systems Containing Complex Functions Using Run-Time Assurance
9. F3322—22，小型无人机系统（sUAS）降落伞的标准规范	Standard Specification for Small Unmanned Aircraft System（sUAS）Parachutes
10. F3196—18，超视距（BVLOS）小型无人机系统（sUAS）操作寻求批准的标准实践	Standard Practice for Seeking Approval for Beyond Visual Line of Sight（BVLOS）Small Unmanned Aircraft System（sUAS）Operations
11. F2908—18，无人机系统（UAS）的无人机飞行手册（UFM）标准规范	Standard Specification for Unmanned Aircraft Flight Manual（UFM）for an Unmanned Aircraft System（UAS）
12. F2910—22，小型无人机系统（sUAS）设计和建造的标准规范	Standard Specification for Design and Construction of a Small Unmanned Aircraft System（sUAS）
13. F3563—22，大型固定翼无人机系统设计和建造的标准规范	Standard Specification for Design and Construction of Large Fixed Wing Unmanned Aircraft Systems
14. F3266—18，无人机系统（UAS）认可远程飞行员指挥培训标准指南	Standard Guide for Training for Remote Pilot in Command of Unmanned Aircraft Systems（UAS）Endorsement
15. F3262—17，用于陆地搜索和救援的小型无人机系统（sUAS）标准分类系统	Standard Classification System for Small Unmanned Aircraft Systems（sUAS）for Land Search and Rescue
16. F3178—16，小型无人机系统（sUAS）操作风险评估标准实践	Standard Practice for Operational Risk Assessment of Small Unmanned Aircraft Systems（sUAS）
17. F3365—19，无人机系统 ASTM 标准合规性审核的标准实践	Standard Practice for Compliance Audits to ASTM Standards on Unmanned Aircraft Systems
18. F3478—20，在 FAA 监督下为低风险无人机系统（UAS）开发耐用性和可靠性飞行演示计划的标准实践	Standard Practice for Development of a Durability and Reliability Flight Demonstration Program for Low-Risk Unmanned Aircraft Systems（UAS）under FAA Oversight
19. F3379—20，无人机系统（UAS）认可的公共安全远程飞行员培训标准指南	Standard Guide for Training for Public Safety Remote Pilot of Unmanned Aircraft Systems（UAS）Endorsement
20. F3600—22，无人机系统（UAS）维护技术人员资格标准指南	Standard Guide for Unmanned Aircraft System（UAS）Maintenance Technician Qualification

（续）

ASTM 涉及民用无人机的国际标准名称中英文对照	
21. F3389/F3389M—21，评估小型无人机撞击安全性的标准测试方法	Standard Test Method for Assessing the Safety of Small Unmanned Aircraft Impacts
22. F2327—21，用于检测和监测水上油的机载遥感系统选择标准指南	Standard Guide for Selection of Airborne Remote Sensing Systems for Detection and Monitoring of Oil on Water
23. F3366—19，小型无人机系统（sUAS）通用维护手册（GMM）标准规范	Standard Specification for General Maintenance Manual（GMM）for a small Unmanned Aircraft System（sUAS）
24. F3201—16，确保无人机系统（UAS）中使用的软件可靠性的标准实践	Standard Practice for Ensuring Dependability of Software Used in Unmanned Aircraft Systems（UAS）
25. F3364—19，无人机操作员独立审核计划的标准实践	Standard Practice for Independent Audit Program for Unmanned Aircraft Operators
26. F3330—18，无人机系统操作员培训和培训手册开发标准规范	Standard Specification for Training and the Development of Training Manuals for the UAS Operator
27. F3411—22A，远程 ID 和跟踪标准规范	Standard Specification for Remote ID and Tracking
28. F3548—21，无人机系统交通管理（UTM）无人机系统服务提供商（USS）互操作性的标准规范	Standard Specification for UAS Traffic Management（UTM）UAS Service Supplier（USS）Interoperability

6.1.6　英国标准协会 BSI

英国标准协会 BSI 成立于 1901 年，当时称为英国工程标准委员会，是世界上最早的全国性标准化机构。经过 100 多年的发展，现已成为举世闻名的，集标准研发、标准技术信息提供、产品测试、体系认证和商检服务五大互补性业务于一体的国际标准服务提供商，面向全球提供服务。

BSI 中有关民用无人机的标准见表 6-7。

表 6-7　BSI 发布的无人机标准

BSI 涉及民用无人机的国际标准名称中英文对照	
BSI ISO 5015—2：2022，无人机系统—垂直起降（VTOL）无人机（UA）垂直起降垂直机场的操作	Unmanned aircraft systems - Operation of vertiports for vertical take-off and landing（VTOL）unmanned aircraft（UA）

6.1.7　德国标准化学会 DIN

德国标准化学会 DIN 成立于 1917 年，总部设在首都柏林。前身是德国工业标准，1975 年改名为德国标准学会，是德国最大的具有广泛代表性的公益性标准化民间机构。目前，由德国标准学会制订的 DIN 标准多达数万个，其中相当数量标准与国际标准、欧洲标准接轨。产品标准的平均龄期为 5 年，安全标准平均龄期为 10 年，每年的标准发布量在 1500 个左右。

DIN 中有关民用无人机的标准见表 6-8。

表 6-8　DIN 发布的无人机标准

DIN 涉及民用无人机的国际标准名称中英文对照	
1. DIN 5452—6，航空航天系列—无人机系统（UAS）—第 6 部分：UTM 系统的地理数据管理	Aerospace series - Unmanned Aircraft Systems（UAS）— Part 6：Geodata Management for UTM Systems
2. DIN EN 4709—003，航空航天系列—无人机系统—第 003 部分：地理感知要求	Aerospace series - Unmanned Aircraft Systems — Part 003：Geo-awareness Requirements
3. DIN EN 4709—004，航空航天系列—无人机系统—第 004 部分：照明要求	Aerospace series - Unmanned Aircraft Systems — Part 004：Lighting Requirements
4. DIN 5452—1，航空航天系列—无人机系统（UAS）—第 1 部分：术语和定义	Aerospace series - Unmanned Aircraft Systems（UAS）— Part 1：Terms and Definitions
5. DIN 5452—2，航空航天系列—无人机系统（UAS）—第 2 部分：远程飞行员的要求	Aerospace series - Unmanned Aircraft Systems（UAS）— Part 2：Requirements for Remote Pilots
6. DIN EN 4709—001，航空航天系列—无人机系统—第 001 部分：产品要求和验证	Aerospace series - Unmanned Aircraft Systems — Part 001：Product Requirements and Verification
7. DIN EN 4709—002，航空航天系列—无人机系统—第 002 部分：直接远程识别	Aerospace series - Unmanned Aircraft Systems — Part 002：Direct Remote Identification

6.2　国内民用无人机标准总体情况

6.2.1　标准的法律法规和规章

国内涉及标准的法律法规和规章主要是 1 部法律即《中华人民共和国标准化法》，1 部法规即《中华人民共和国标准化法实施条例》，2 份部门规章即《国家标准管理办法》和《强制性国家标准管理办法》。

1.《中华人民共和国标准化法》

《中华人民共和国标准化法》于 2017 年 11 月 4 日经全国人民代表大会常务委员会第三十二次会议通过修订发布，自 2018 年 1 月 1 日起正式实施。该法旨在规范和促进标准化工作，加强标准化法律制度建设，推动标准化与质量提升、科技创新、产业升级、环境保护、安全保障等方面的协调发展。该法主要包括以下几个方面的内容：

标准化的原则和目标：明确了标准化发展的基本原则，包括科学性、权威性、公开透明、公平公正等，并提出了促进标准化与经济社会发展相结合的目标。

标准化的组织和管理：规定了国家、地方各级标准化机构的职责和权限，以及标准化工作的组织方式和管理制度。

标准的制定和修订：明确了标准的制定程序、技术要求、草案审批、公示和发布等规定，保障标准的科学性和高质量。

标准的执行和应用：强调了标准的强制执行和推广应用，鼓励企业和组织按照标准要求进行生产、经营和服务，提高产品质量和市场竞争力。

标准化的支持和激励：提出了加强标准化研究和培训，建立标准咨询、评价和认证体系，设立标准化奖励和激励机制等措施，支持和鼓励标准化工作的开展。

《中华人民共和国标准化法》对标准化工作的组织管理、标准制定和修订、标准执行和应用等方面做出了具体规定，为标准化工作的推进提供了法律依据和规范。在民用无人机行业中，该法也适用于相关标准的制定和推广，以确保无人机产品和服务的质量和安全。

2.《中华人民共和国标准化法实施条例》

《中华人民共和国标准化法实施条例》是为了贯彻执行《中华人民共和国标准化法》，进一步规范和促进标准化工作的开展，自 2019 年 1 月 1 日起正式实施。该条例进一步明确了标准化工作的组织管理、标准制定与修订、标准发布与应用、标准考核与奖励等方面的规范。其中，该条例涉及的主要内容包括：

标准化工作的组织管理：规定了各级标准化机构的职责，以及标准化工作的组织方式和管理制度。

标准的制定与修订：进一步规范了标准的技术要求、审批程序和草案公示等规定，保证标准制定的科学性、公正性和权威性。

标准的发布与应用：明确了标准发布的形式和程序，并推广标准信息服务，鼓励企事业单位按照标准进行生产和服务。

标准的考核与奖励：建立标准化考核制度和奖励机制，促进标准化工作的推进和落实。

总的来说，《中华人民共和国标准化法实施条例》进一步完善和规范了标准化工作的各个方面，旨在提高标准化工作的科学性、规范性和效益性，为民用无人机行业的发展提供法律保障和指导。

3.《国家标准管理办法》

《国家标准管理办法》是中国政府为进一步加强标准工作管理、提升标准质量而制定的一揽子管理措施，于 2020 年 5 月 1 日正式实施。该办法主要涉及国家标准的管理、发布、执行、咨询、评价和认证等方面的规定。具体内容包括：

标准的分类与编制：对国家标准的分类和编制进行规范，明确标准的技术要求、检验方法、规范解释、行业标准等不同类型标准的定义和编制方式。

标准的发布和管理：规定标准的发布程序、标准号码申请、标准原样保存等管理细节，并规定标准公示的范围、期限、方式和渠道等。

标准的执行和应用：明确标准的执行和应用的监督机制、标准的引用、调整等相关规定。

标准的咨询、评价、认证和奖励等方面均设置了相应的规定，以保障标准化工作的质量和有效性。

总之，《国家标准管理办法》对标准化工作的各个方面进行了全面的规范和管理，将有力推动标准化工作的健康、有序发展，推进中国制造和中国服务行业向高水平、高质量转型升级，提升我国在国际标准制定中的影响力和话语权。

4.《强制性国家标准管理办法》

《强制性国家标准管理办法》是中国政府为加强标准化工作，保障产品质量、安全和环境而制定的一项重要部门规章。《强制性国家标准管理办法》主要通过规范和管理强制性国家标准，进一步加强对产品质量和安全的监督和管理。强制性国家标准是指对特定产品或服务的质量、安全等方面提出具体要求的标准，其遵守程度对于相关企业和个人具有法律约束力。具体内容包括：

强制性国家标准发布的程序和要求：在制定强制性国家标准之前，需要进行充分的科学论证和技术论证，并征求相关方面的意见，确保标准的合理性和准确性。标准的发布需要经过国家标准委员会的审批，并在国家标准信息平台上进行公示。这样做的目的是确保标准的透明度和权威性。

标准的执行和应用责任：相关企业在生产制造过程中必须符合强制性国家标准的要求，确保产品的质量和安全。监督部门有权对企业进行抽查和检测，发现不符合标准的产品可以责令停产、下架和销毁，对违法行为进行处罚。

标准的修订、废止和替代程序：标准在一定时间后可能需要进行修订或废止，并适时引进更为先进的标准代替旧标准。这样可以推动技术进步和产业升级，提高产品质量和安全水平。

强制性国家标准的实施对于保障消费者的权益、促进企业诚信竞争、推动产业转型升级具有重要意义。通过强制性国家标准的制定和执行，可以提高产品质量和安全水平，降低市场风险，增强消费者的信心和满意度。同时，符合标准的企业也能够获得更好的竞争优势，拓展市场份额。

总而言之，《强制性国家标准管理办法》将标准化工作与法律法规相结合，进一步加强了标准化工作的管理和推广力度。通过规范和管理强制性国家标准的制定、发布、执行和应用，可以有效促进产品质量和安全水平的提升，推动产业升级和可持续发展。

6.2.2 国内主要民用无人机标准组织和标准制定情况

国内的标准主管单位是国家市场监督管理总局，具体由国家标准化管理委员会负责下达国家标准计划，批准发布国家标准，审议并发布标准化政策、管理制度、规划、公告等重要文件；开展强制性国家标准对外通报；协调、指导和监督行业、地方、团体、企业标准工作；代表国家参加国际标准化组织、国际电工委员会和其他国际或区域性标准化组织；承担有关国际合作协议签署工作；承担国务院标准化协调机制日常工作。中国的国家标准主要分为强制性国标（GB）和推荐性国标（GB/T）两类。此外，还有行业标准、地方标准、团体标准，企业标准等。

中国标准化协会（China Association for Standardization，简称 CAS），于 1978 年经国家民政主管部门批准成立，是由全国从事标准化工作的组织和个人自愿参与构成的全国性法人社会团体。中国标准化协会是联系政府部门、科技工作者、企业和广大消费者之间的桥梁和纽带，现已形成一定规模，是多方位从事标准化学术研究、标准制定、修订、标准化培训、科学宣传、技术交流、编辑出版、在线网站、咨询服务、国际交流与合作等业务的综合性社会团体，同许多国际、地区和国家的标准化团体建立了友好合作关系，开展技术交流活动，在国际上有广泛的影响。

国内主要民用无人机标准组织是全国航空器标准化技术委员会（SAC/TC 435），对口 ISO/TC20，由国家标准化管理委员会筹建及进行业务指导。负责专业范围为民用飞机、民用直升机和其他民用飞行器综合、总体、气动、结构、动力装置、燃油系统、液压系统、气动系统、飞行控制、电气系统、航电系统、生命保障系统、环境控制系统、客舱设备、货运系统标准以及产品支援、基础、零部件、工装工艺和材料标准等。TC435 下设两个分委会，分别是 TC435/SC1、TC435/SC2。TC435/SC1 成立于 2018 年，主要负责民用无人驾驶航空器系统（不含飞行机器人）的设计、制造、交付、运行、维护、管理。TC435/SC2 成立于 2019 年，主要负责民用浮空器平台及系统、材料与制造、试验验证与测试、客户服务、安全技术、管理和操作、通用基础。

国内主要民用无人机标准制定情况数据信息来自全国标准信息公共服务平台（https：//std.samr.gov.cn，访问日期 2023 年 3 月 1 日），已正式公布的国家标准共21 个，行业标准 22 个，地方标准 64 个，团体标准 133 个，如图 6-1 所示。

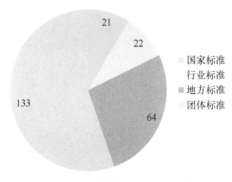

图 6-1　国内主要民用无人机标准制定情况

6.2.3　无人驾驶航空器系统标准体系建设指南（2017—2018 年版）

随着中国无人机产业的爆发式发展，无人机"黑飞"现象严重，存在飞行区域不明确、侵犯隐私、安全隐患等问题，不仅频繁干扰正常的空中秩序，也给社会秩序带来了挑战，迫切需要加快标准体系建设，加强对"黑飞"等违规飞行事件的监管。为提高无人驾驶航空器系统的监管水平，规范行业发展、市场秩序和行业行为，2017 年 5 月 22 日，国家标准化管理委员会、工业和信息化部、科技部、公安部、农业部、国家体育总局、国家能源局、中国民用航空局联合发布了《无人驾驶航空器系统标准体系建设指南（2017—2018 年版）》（以下简称《指南》）。

根据《指南》显示，无人驾驶航空器系统标准体系建设将分两个阶段完成。计划在 2017—2018 年，初步建立一批市场急需、支撑监管的关键标准；在 2019—2020 年健全无人驾驶航空器系统标准体系，制定和修订 300 项以上无人驾驶航空器系统标准，基本实现基础标准、管理标准和技术标准全覆盖。先依据轻重缓急将落地的应用标准放在前期制定，再在第二阶段进行完善。

《指南》一经发布即引起剧烈反响，无人机标准制定与执行情况将直接关系到无人机产业的发展和繁荣，《指南》发布后，国内民用无人机系统标准制定工作取得了一定的成果，但依然凸现出一些问题和挑战，虽有较多国家标准已经立项，但标准建设现状与无人机标准体系建设规划有较大差距，众多标准迟迟未发布，无法满足快速发展的无人机行业的需要。

6.2.4　无人驾驶航空器系统标准体系建设指南（2021 年版）

随着无人驾驶航空器行业应用的不断深入，市场对无人驾驶航空器系统的质量、安全和性能等方面提出了新需求，同时各部门也对无人驾驶航空器系统的分类管理提出了新要求，按照标准体系动态更新机制，扎实构建满足产业发展需求、先进适用的无人驾驶航空器系统标准体系，2021 年 9 月 23 日，国家标准化管理委员会、工业和信息化部、自然资源部、农业农村部、国家能源局、中国民用航空局联合发布《无人驾驶航空器系统标准体系建设指南（2021 年版）》（以下简称《指南》）。该《指南》进一步明确了无人驾驶航空器系统标准体系建设的总体要求、建设思路、建设内容和组织实施，根据无人驾驶航空器系统分类分级复杂、体积重量及技术构型差异大、应用领域众多等特点，从管理和技术两个角度，提出了无人驾驶航空器系统标准体系框架，包括"分类分级""身份识别"等基础类标准，"注册管理""制造管理""运行管理"等管理类标准，"系统级""部件级"等技术类标准以及在不同行业的应用类标准，其中，基础类标准以国家标准为主，管理类标准、技术类标准和行业应用类标准以行业标准为主。

随着民用无人机在各个领域应用不断增加，该《指南》中无人机标准体系标准数量达到 350 项，而《无人驾驶航空器系统标准体系建设指南（2017—2018 年版）》

中仅有标准 267 项，可见近几年无人机标准体系规划建设不断完善，标准数量不断增加。进一步分析 2021 版指南，350 项规划标准中仅有 108 项属于现行标准或有标准计划文号的标准，可见未来无人机系统还需要进行大量的相关标准建设。108 项现行和在建的标准中基础标准 12 项，管理标准 6 项，技术标准 51 项和行业标准 39 项。对比以上两个统计结果发现，目前我国无人机管理标准、无人机技术标准相比建设指南亟待补充健全。

6.3　国内已经制定的民用无人机的标准情况

国内主要民用无人机标准制定情况数据信息来自全国标准信息公共服务平台（https：//std.samr.gov.cn，访问日期 2023 年 3 月 1 日），已正式公布的国家标准共 21 个，行业标准 22 个，地方标准 64 个，团体标准 133 个。鉴于篇幅限制，这里每种标准仅选取 10 个具代表性的做简要介绍。

6.3.1　国家标准

1）《无人驾驶航空器系统安全要求》，标准号 GB 42590—2023，2023 年 5 月发布。该标准是航空领域首项强制性国家标准，由全国航空器标准化技术委员会（SAC/TC 435）提出并归口。提出 17 条与无人驾驶航空器核心安全相关的技术指标，为无人驾驶航空器产品安全提供了强大支撑。该项强标是无人驾驶航空器系统标准体系建设的重要组成部分，能够有效指导民用无人驾驶航空器全生命周期过程相关工作。强制性国家标准是保基本、兜底线的基本要求，后续将推进强制性国家标准贯彻实施工作，加快推动标准的全面普及实施，指导企业严格遵守标准。

2）《无人驾驶航空器系统术语》，标准号 GB/T 38152—2019，2019 年 10 月 18 日发布，2020 年 5 月 1 日实施。该标准由全国航空器标准化技术委员会（SAC/TC 435）提出并归口。该标准界定了无人驾驶航空器系统的基础术语、机体术语、机载系统术语、动力装置术语、任务载荷术语、控制站术语、数据链术语、发射与回收术语和使用与维护术语。适用于无人驾驶航空器系统的管理、研制、交付使用与维护。标准涵盖基础术语，机体、机载组成、动力装置、任务载荷、控制站、数据链、发射与回收、使用与维护。

3）《民用无人机系统型号命名》，标准号 GB/T 38905—2020，2020 年 7 月 21 日发布，2021 年 2 月 1 日实施。该标准规定了民用无人机系统型号的命名组成和命名方法。适用于民用无人机系统行业管理、研制生产、销售、使用与维护的型号命名。标准涵盖规范性引用文件、术语和定义、命名组成、命名方法。

4）《民用无人驾驶航空器系统分类及分级》，标准号 GB/T 35018—2018，2018 年 5 月 14 日发布，2018 年 12 月 1 日实施。该标准规定了民用无人驾驶航空器的分类及分级要求。适用于民用无人驾驶航空器系统的产品研制、交付使用及安全监

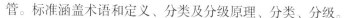

管。标准涵盖术语和定义、分类及分级原理、分类、分级。

5）《民用多旋翼无人机系统试验方法》，标准号 GB/T 38058—2019，2019 年 10 月 18 日发布，2020 年 5 月 1 日实施。该标准规定了民用多旋翼无人机系统及部件的试验方法。适用于民用轻小型（最大起飞质量在 150kg 以下）电动多翼无人机系统（以下简称无人机系统）及部件的设计、制造、检测和认证等；其他类型无人机系统亦可参照执行。标准涵盖规范性引用文件、术语与定义、符号和缩略语、通则、试验方法。

6）《无人机用氢燃料电池发电系统》，标准号 GB/T 38954—2020，2020 年 6 月 2 日发布，2020 年 12 月 1 日实施。该标准规定了无人机用氢燃料电池发电系统的通用要求、技术要求、试验方法、标志、包装和运输要求。适用于以压缩氢气为燃料，为空载质量不超过 116kg 且最大起飞质量不超过 150kg 的无人机提供动力和非动力用电的燃料电池发电系统。标准涵盖规范性引用文件、术语与定义、通用要求、技术要求、试验方法、标志、包装、运输。

7）《民用轻小型无人机系统安全性通用要求》，标准号 GB/T 38931—2020，2020 年 7 月 21 日发布，2021 年 2 月 1 日实施。该标准规定了民用轻小型无人机系统全生命周期内安全性工作的一般要求、详细要求和安全性验证。适用于最大起飞重量在 0.25 ～ 150kg 之间的民用无人机系统的研制、生产、试验和使用的安全性工作；其他类型无人机系统可参照使用。标准涵盖规范性引用文件、术语和定义、一般要求、详细要求、安全性验证。

8）《民用轻小型无人直升机飞行控制系统通用要求》，标准号 GB/T 38911—2020，2020 年 7 月 21 日发布，2021 年 2 月 1 日实施。该标准规定了民用轻小型无人直升机飞行控制系统通用要求、验证试验、标识、包装、运输和储存。适用于民用轻小型无人直升机（起飞重量在 0.25 ～ 150kg 之间）飞行控制系统及其部件的设计与验证。其他无人驾驶航空器飞行控制系统可参照执行。标准涵盖规范性引用文件、术语、定义和缩略语、通用要求、验证试验、标识、包装、运输和储存。

9）《民用轻小型无人机系统抗风性要求及试验方法》，标准号 GB/T 38930—2020，2020 年 7 月 21 日发布，2021 年 2 月 1 日实施。该标准规定了民用轻小型无人机系统的抗风性要求及试验方法，包括抗风能力要求、试验目的、试验条件、试验环境、试验中断和恢复、试验判据、试验过程、试验数据处理、试验结果评定及试验报告。适用于民用轻小型旋翼类无人机（起飞重量在 0.25 ～ 150kg 之间）系统（含飞行器和地面站），包括无人直升机系统、多旋翼无人机系统、垂直起降固定翼无人机系统（仅起降阶段）以及其他旋翼无人机系统；其他类型无人机系统可参照执行。标准涵盖规范性引用文件、术语和定义、要求、试验方法。

10）《无人机低空遥感监测的多传感器一致性检测技术规范》，标准号 GB/T 41450—2022，2022 年 4 月 15 日发布，2022 年 4 月 15 日实施。该标准规定了无人机低空遥感监测的多传感器一致性检测的基本要求、检测条件、检测飞行、辐射致性检测、几何一致性检测、检测结果评价与整理。适用于以固定翼和多旋翼低空无人机为平台的多传感器遥感监测的辐射和几何一致性检测。标准涵盖规范性引用文件、术语和定义、缩略语、基本要求、检测条件、检测飞行、辐射一致性检测、几何一致性检测、检测结果评价与整理。

11）《民用无人机唯一产品识别码》，标准号 GB/T 41300—2022，2022 年 3 月 9 日发布，2022 年 10 月 1 日实施。该标准规定了民用无人机整机产品识别码的结构、识别方式及要求。该标准适用于民用无人机整机产品的唯一标识、生存周期和产品追溯的管理。该标准涵盖规范性引用文件、术语和定义、缩略语、识别码结构、识别方式。

6.3.2 行业标准

1）《无人机围栏》，标准号 MH/T 2008—2017，2017 年 10 月 20 日发布，2017 年 12 月 1 日实施。该标准规定了无人机围栏的范围、构型、数据结构、性能要求和测试要求等。适用于无人机系统和无人机云系统中的无人机围栏。标准涵盖规范性引用文件、术语、定义和缩略语、无人机围栏模型说明、数据类型、无人机系统和无人机云系统性能要求、无人机围栏测试。

2）《无人机物流配送运行要求》，标准号 JT/T 1440—2022，2022 年 9 月 13 日发布，2022 年 12 月 13 日实施。该标准规定了无人机物流配送的基本要求、场地设施要求、作业要求、信息交互和安全要求。该标准适用于支线无人机物流、末端无人机物流的运行。标准涵盖规范性引用文件、术语和定义、基本要求、场地设施要求、作业要求、信息交互、安全要求。

3）《无人机云系统数据规范》，标准号 MH/T 2011—2019，2019 年 10 月 22 日发布，2020 年 1 月 1 日实施。该标准规定了符合《轻小无人机运行规定（试行）》（AC-91-31）要求的民用无人机云系统中数据内容和格式及民用无人机云系统之间传输数据要求、数据加密要求、编码规则、性能要求。适用于在中国境内运行的民用无人机云系统和它们之间的数据交换和集成。标准涵盖规范性引用文件、术语和定义、缩略语、概述、无人机系统与无人机云系统的数据传输要求、无人机云系统与无人机云交换系统的数据传输要求、无人机云系统的其他能力要求、无人机云系统的测试要求、无人机云系统与无人机云交换系统的数据接口说明。

4）《无人机云系统接口数据规范》，标准号 MH/T 2009—2017，2017 年 10 月 20 日发布，2017 年 12 月 1 日实施。该标准规定了轻小型民用无人机系统与无人机云系统之间传输数据要求、数据加密要求、编码规则、性能要求。适用于在中国境内运行的轻小型民用无人机系统。标准涵盖规范性引用文件、术语、定义和缩略语、无人机系统和无人机云系统、无人机系统向无人机云系统传输数据要求、无人机云系统向无人机系统传输数据要求、数据传输加密要求、CPN 编码规则、性能要求。

5)《植保无人飞机质量评价技术规范》，标准号 NY/T 3213—2018，2018 年 3 月 15 日发布，2018 年 6 月 1 日实施。该标准规定了植保无人飞机的型号编制规则、基本要求、质量要求、检测方法和检验规则。适用于植保无人飞机的质量评定。标准涵盖规范性引用文件、术语和定义、型号编制规则、基本要求、质量要求、检测方法、检验规则。

6)《无人驾驶航空器系统作业飞行技术规范》，标准号 MH/T 1069—2018，2018 年 8 月 21 日发布，2018 年 11 月 1 日实施。该标准规定了使用民用无人驾驶航空器系统开展作业飞行时的基本要求、作业组织与实施、信息传输与数据处理技术要求、维护与保养、异常处置措施及其他要求等。适用于使用空机重量 116kg（含）以下且起飞全重 150kg（含）以下的民用无人驾驶航空器或植保类无人机执行非游戏或娱乐目的而进行的作业飞行操作。标准涵盖术语和定义、基本要求、作业组织与实施、信息传输与数据要求、维护与保养、异常处置、其他要求。

7)《架空输电线路无人机巡检作业技术导则》，标准号 DL/T 1482—2015，2015 年 7 月 1 日发布，2015 年 12 月 1 日实施。该标准规定了采用无人机对架空输电线路进行巡检的巡检系统、巡检作业要求、巡检前准备、巡检方式及方法、巡检模式及内容、巡检资料的整理及移交、异常情况处置等。该标准适用于采用固定翼无人机、旋翼无人机对架空输电线路进行的巡检作业。标准涵盖规范性引用文件、术语和定义、无人机分类、巡检系统、巡检作业要求、巡检前准备、巡检方式及方法、巡检模式及内容、巡检资料的整理及移交、异常情况处置。

8)《民用无人驾驶航空器系统分布式操作运行等级划分》，标准号 MH/T 2013—2022，2022 年 8 月 31 日发布，2022 年 9 月 1 日实施。该标准定义了民用无人驾驶航空器系统分布式操作运行等级，并规定了与之相关的自动化程度、安全保证性的分级规则。适用于民用无人驾驶航空器系统分布式操作的运行等级划分。标准涵盖规范性引用文件、术语和定义、分布式操作自动化程度划分、分布式操作安全保证性等级划分、分布式操作运行等级划分。

9)《警用无人驾驶航空器外观制式涂装规范》，标准号 GA 1732—2020，2020 年 6 月 24 日发布，2020 年 7 月 1 日实施。该标准规定了警用无人驾驶航空器类外观制式规范的术语和定义、涂装要素、涂装式样、涂装定位尺寸、涂装要求、试验方法。警用无人驾驶航空器机身主色为白色，外观制式由警用航空器专用徽标、警用无人驾驶航空器编号、二维码、中文"公安"、蓝黄色带要素组成。

10)《警用无人驾驶航空器系统》，标准号 GA/T 1411—2017，2017 年 8 月 28 日发布，2017 年 8 月 28 日实施。此标准分为以下部分。第 1 部分：通用技术要求；第 2 部分：无人直升机系统；第 3 部分：多旋翼无人驾驶航空器系统；第 4 部分：固定翼无人驾驶航空器系统。该标准规定了警用无人驾驶航空器系统通用技术要求的术语和定义、分类和代号技术要求、包装、运输及贮存。规范了警用无人机的技术、产品性能等硬性要求，对于警用无人机的科研、性能、使用、研发方向等提出了指导性意见。

6.3.3 地方标准

1）《无人机用锂离子电池组技术要求》，标准号 DB 44/T 1885—2016，2016 年 9 月 8 日发布，2017 年 1 月 1 日实施。该标准规定了无人机用可充电锂离子电池组的术语和定义、技术要求、试验方法、型式检验、标志、包装、运输、储存等。适用于航拍、植保、消防等民用无人机用锂离子电池组。标准涵盖规范性引用文件、试验条件、术语和定义、符号、要求、试验方法、型式检验、标志、包装、运输、储存。

2）《植保无人机安全作业技术规范》，标准号 DB 32/T 4196—2021，2021 年 12 月 31 日发布，2022 年 1 月 31 日实施。该标准规定了植保无人机安全作业的基本要求、作业前准备、施药作业和维护保养。适用于植保无人机的安全作业。标准涵盖规范性引用文件、术语和定义、基本要求、作业前准备、施药作业、维护保养。

3）《水土保持无人机监测技术规程》，标准号 DB 36/T 1589—2022，2022 年 5 月 30 日发布，2022 年 12 月 1 日实施。该标准规定了水土保持无人机监测技术的术语和定义、无人机选择、飞行前准备、外业监测、内业数据处理以及成果汇总管理等。适用于水蚀区的水土保持无人机监测领域。标准涵盖规范性引用文件、术语和定义、无人机选择、飞行前准备、外业监测、内业数据处理、成果汇总管理。

4）《植保无人机田间试验技术规范》，标准号 DB 41/T 2098—2021，2021 年 1 月 26 日发布，2021 年 4 月 25 日实施。该标准规定了植保无人机田间喷雾及药效试验的试验项目、试验条件、试验设计、试验记录、调查方法和分析评价等。适用于植保无人机田间喷雾及药效试验。标准涵盖规范性引用文件、术语和定义、试验项目、试验条件、试验设计、试验记录、调查方法、分析评价。

5）《植保无人机航化作业施药技术规程》，标准号 DB 22/T 3364—2022，2022 年 5 月 18 日发布，2022 年 6 月 8 日实施。该标准规定了植保无人机航化作业施药技术的程序，规定了作业基本条件、规划作业、作业前准备、施药技术、植保无人机维护、防治效果检查等阶段的操作指示，描述了记录与档案等追溯方法。适用于植保无人机开展农作物病虫害施药作业。标准涵盖规范性引用文件、术语和定义、植保无人机航化作业施药流程、作业基本条件、规划作业、作业前准备、施药技术、植保无人机维护、防治效果检查、记录与档案。

6）《作物生长多旋翼无人机监测技术规程》，标准号 DB 32/T 4141—2021，2021 年 11 月 4 日发布，2021 年 12 月 4 日实施。该标准规定了作物生长多旋翼无人机监测的适用范围、设备、设备安装、测量方法、现场检测及质量评定等内容。适用于稻麦冠层归一化植被指数、比值植被指数、叶面积指数、叶层氮含量、叶层

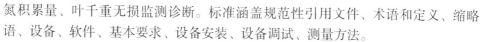

氮积累量、叶千重无损监测诊断。标准涵盖规范性引用文件、术语和定义、缩略语、设备、软件、基本要求、设备安装、设备调试、测量方法。

7)《滇池湖滨地表特征无人机遥感调查规程》，标准号 DB 5301/T 74—2022，2022 年 6 月 1 日发布，2022 年 7 月 1 日实施。该标准从无人机遥感影像数据采集、处理、解译、成果输出、成果应用等方面规定了滇池湖滨地表特征无人机遥感调查的要求、原则和基本方法。适用于滇池湖滨地表特征的调查及监测。标准涵盖规范性引用文件、术语和定义、总则、技术设计、无人机遥感影像采集及处理、无人机遥感影像解译。

8)《植保无人机防治水稻病虫草害操作技术规程》，标准号 DB 36/T 1518—2021，2021 年 12 月 14 日发布，2022 年 6 月 1 日实施。该标准规定了植保无人机防治水稻病虫草害的术语和定义、基本要求、农药、作业参数、作业要求、作业后维护、作业效果监测分析、作业档案管理。适用于农业植保无人机防治水稻病虫草害操作规程。标准涵盖规范性引用文件、术语和定义、基本要求、农药、作业参数、作业要求、作业后维护、作业效果监测分析、作业档案管理。

9)《水土流失动态监测野外核查无人机应用技术规程》，标准号 DB 41/T 2080—2020，2020 年 12 月 30 日发布，2021 年 3 月 30 日实施。该标准规定了水土流失动态监测野外核查无人机应用总体要求、无人机与载荷类型、作业前准备、现场作业、现场作业后工作、数据处理与成果、无人机操作及辅助人员、紧急事故处理等。适用于水土流失动态监测野外核查无人机操作应用。标准涵盖规范性引用文件、术语和定义、总体要求、无人机与载荷类型、作业前准备、现场作业、现场作业后工作、数据处理与成果、无人机操作及辅助作业人员、紧急事故处理。

10)《基于无人机多光谱影像的水稻叶瘟病病情诊断技术规程》，标准号 DB 23/T 3229—2022，2022 年 5 月 25 日发布，2022 年 6 月 24 日实施。该标准规定了基于无人机多光谱影像诊断水稻叶瘟病病情的范围、规范性引用文件、术语和定义、基本要求、诊断处理流程、数据获取预处理、发生程度识别、面积量算和专题产品制作。适用于水稻叶瘟病病情的无人机多光谱影像诊断。标准涵盖规范性引用文件、术语和定义、基本要求、诊断处理流程、数据获取预处理、发生程度识别、面积量算和专题产品制作。

6.3.4 团体标准

1)《无人机综合验证场一般要求》，标准号 T/CAGIS 4—2021，2021 年 3 月 1 日发布，2021 年 3 月 22 日实施。该标准由中国地理信息产业协会无人机应用与管控工作委员会提出，由中国地理信息产业协会归口。该标准规定了无人机综合验证场的等级划分，以及各等级验证场的场地条件、系统设备、实验检校配置、专业人员配置等要求。适用于遥感与测绘无人机综合验证场的设计、建设和评估。其他应用领域的无人机验证场可参考使用。标准涵盖规范性引用文件、术语和定义、验证场分级、验证场场地、验证场系统设备、验证场实验检校要求、专业人员。

2）《民用无人机驾驶员合格审定规则》，标准号 T/AOPA 0008—2019，2019 年 4 月 29 日发布，2019 年 5 月 1 日实施。该标准由中国航空器拥有者及驾驶员协会制定、发布、解释并组织实施。该标准的目的是为建立一个完整、系统、有操作性的标准，以规范民用无人机驾驶员的合格审定和管理工作。适用于协会无人机管理办公室对民用无人机驾驶员合格证的颁发和管理工作。办公室负责管理的民用无人机驾驶员的合格证申请及权利行使须遵守本规则的规定。标准涵盖总则、一般规定、视距内驾驶员、超视距驾驶员、教员等级、其他规定。

3）《无人机编队表演安全运营通用要求》，标准号 T/SHUAV 1—2021，2021 年 10 月 3 日发布，2021 年 10 月 3 日实施。该标准由上海市无人机安全管理协会提出并归口管理。该标准规定了无人机编队表演安全运营的术语和定义、运营企业资质和运营条件、运营服务类型划分、运营服务要求及运营保障要求。适用于使用无人机开展编队表演的运营服务及管理活动，其他无人机服务可参考执行。标准涵盖规范性引用文件、术语和定义、运营服务类型划分、运营企业资质和运营条件、运营服务要求、其他规定。

4）《消防用多旋翼无人机系统技术要求》，标准号 T/SZUAVIA 005—2017，2017 年 7 月 21 日发布，2017 年 8 月 10 日实施。该标准由深圳无人机行业协会提出。该标准规定了消防用多旋翼无人机系统的术语和定义、功能要求、性能要求，环境适应性、安全性电磁兼容，是设计、制造和检验消防用多旋翼无人机系统的基本依据。适用于消防用多旋翼无人机系统的设计、制造、运输、赠存、使用等过程。标准涵盖规范性引用文件、术语、系统构成、技术要求、信息传输、环境适应性、安全性、电磁兼容、质量保证规定、产品信息要求。

5）《光伏发电站无人机智能巡检技术要求》，标准号 T/CEC 588—2021，2021 年 12 月 6 日发布，2022 年 3 月 1 日实施。该标准由中国电力企业联合会提出。该标准规定了光伏发电站无人机智能巡检系统的系统架构、系统功能与性能、辅助系统及检测试验等内容。适用于光伏发电站无人机智能巡检系统的系统架构、系统功能与性能、辅助系统及检测试验等内容。办公室负责管理的民用无人机驾驶员的合格证申请及权利行使须遵守本规则的规定。标准涵盖规范性引用文件、术语和定义、总则、系统架构、技术要求、检测试验。

6）《民用无人机系统专业工程师资质管理规则》，标准号 T/AOPA 0011—2019，2019 年 6 月 17 日发布，2019 年 6 月 20 日实施。该标准由中国航空器拥有者及驾驶员协会制定。该标准规定了消防用多旋翼无人机系统的术语和定义、功能要求、性能要求、环境适应性、安全性电磁兼容，是设计、制造和检验消防用多旋翼无人机系统的基本依据。适用于消防用多旋翼无人机系统的设计、制造、运输、赠存、使用等过程。标准涵盖规范性引用文件、术语和定义、总则、一般规定、系统专业工程师合格证、其他规定。

7）《架空输电线路无人机激光扫描作业技术规程》，标准号 T/CEC 448—2021，2021 年 4 月 23 日发布，2021 年 9 月 1 日实施。该标准由中国电力企业联合会提出。该标准规定了架空输电线路无人机激光扫描作业要求、技术要求、数据采集作业、数据处理标准和处理规范等。适用于交直流架空输电线路无人机激光扫描作业。标准涵盖规范性引用文件、术语和定义、作业要求、作业实施、数据处理。

8）《电力行业无人机巡检作业人员培训考核规范》，标准号 T/CEC 193—2018，2018 年 11 月 16 日发布，2019 年 2 月 1 日实施。该标准由中国电力企业联合会电力培训标准化技术委员会（CEC/TC07）提出。该标准规定了电力行业从事无人机巡检作业人员的能力标准及能力评价大纲、能力等级证书及有效期。适用于应用旋翼无人机和固定翼无人机对电力架空输电线路、架空配电线路和变电一次设备开展巡检作业人员的能力标准和能力等级的评价工作。标准涵盖规范性引用文件、术语和定义、能力标准及能力等级、能力考核评价、证书及有效期。

9）《输变电工程无人机航空摄影测量技术应用导则》，标准号 T/CEC 5020—2020，2020 年 6 月 30 日发布，2020 年 10 月 1 日实施。该标准由中国电力企业联合会提出。该标准规定了无人机航空摄影测量技术在输变电工程中应用的作业方法、精度指标和技术要求等。适用于 220kV 及以上电压等级输变电工程勘测设计阶段无人机摄影测量工作。

10）《架空电力线路多旋翼无人机巡检系统分类和配置导则》，标准号 T/CEC 308—2020，2020 年 6 月 30 日发布，2020 年 10 月 1 日实施。该标准由中国电力企业联合会提出。该标准规定了架空电力线路多旋翼无人机巡检系统的分类原则和配置要求等，适用于对交直流架空电力线路进行巡视、检测和检修的多旋翼无人机巡检系统。

第 7 章

非政府组织协同管理体系

本章将简要介绍我国参与并在其发挥重要作用的国际；无人机行业非政府组织；其次介绍了在国内无人机领域发挥作用的组织；最后介绍了国内主要的经政府认证的第三方检测机构。

7.1 国际民用无人机主要组织和职能

7.1.1 无人系统规则制定联合体（JARUS）

无人系统规则制定联合体（Joint Authorities for Rulemaking on Unmanned System，JARUS）是成员国航空管理当局官员（包括军官）、国家委任专家组成的新型国际组织，它与国际民航组织等其他国际组织密切协作，研究制定无人航空监管规则和审定要求，促进全球监管规则协调一致，确保并提升无人航空安全、安保和效率，防止监管机构和国际组织重复工作；其成立于 2007 年，目前有 65 个成员，其中 63 个为国家、2 个为国际组织（欧洲航空安全组织 EASA 和欧洲航行安全组织 Eurocontrol），是除国际民航组织外无人航空规则制定领域最具影响力、最为活跃的国际组织。中国于 2015 年加入该组织，秘书处由我国的国家空管法规标准研究中心、民航第二研究所、加拿大交通部、葡萄牙民航局四方负责。中国国家空管法规标准研究中心副主任刘浩担任新任秘书长，任期自 2021 年 10 月 12 日始，为期两年。

为充分吸收无人航空产业及其他利益相关方，JARUS 成立了利益相关方咨询机构（SCB），产业界可以通过 SCB 参与 JARUS 各工作组的规则制定工作，SCB 对于 JARUS 决议事项没有投票权。2020 年前，JARUS 成立了人员能力和执照、运行、适航、探测和规避、通讯、安全和风险评估、运行概念等 7 个工作组。

JARUS 在无人航空器系统运行概念、运行规则、适航审定、通讯、人员执照与能力、运行风险评估等方面取得了一系列成果。这些成果作为 JARUS 出版物，免费供所有成员和非成员直接采用，或者修改后采用。这种非强制性的采纳，既体现了 JARUS 的灵活性，也体现了 JARUS 的魅力。目前，JARUS 规则已经在欧盟全境、瑞士、卡塔尔、南非、澳大利亚、新西兰等超过 30 个国家和地区得到转化应用，大量的 JARUS 成员和非成员也正在参照 JARUS 规则制定或修改本国立法。

JARUS 率先提出"以运行为中心，基于运行风险监管"的理念，得到了国际社会普遍认可，这一理念回归了监管的起源和本质，即安全管理，强调了运行风险的重要性，根据运行风险决定监管松紧程度。将无人航空运行安全风险由小到大分为 A、B、C 三类。

A 类低风险运行：无人航空器最大起飞全重在 25 千克以下，速度小、高度低，飞行范围限于视距内，对于其他空域用户，地面第三人及其财产造成危害的风险小，无人航空器（系统）只需通过安全认证即可，不需取得适航证；驾驶员满足相应理论、技能和训练要求，不需要执照。A 类运行禁止超视距飞行，不得在人口稠密地区飞行，禁止飞越未加入飞行活动的人群，不得进入管制空域或者管制机场。针对此类运行，立法机关只需要明晰监管规则，设定限制条件，航空监管部门可将监管参与度降到最低。

C 类高风险运行：此类运行的空中、地面风险上升到与有人航空几乎相同的水平，因此采用与有人航空类似的监管要求。无人航空器要取得适航证，驾驶员要具有执照，运营人要获得运营人证书，进入管制空域也需要获得管制放行许可。国际民航组织遥控航空器系统专家组制定标准和建议措施所针对的国际仪表运行就属于此类，且属于 C 类运行中更高风险的运行。

B 类风险运行是介于 A 类和 C 类中间的风险运行。B 类风险运行由于场景丰富多样，难以制定统一的定量性规则。B 类风险运行不进行单独的航空器适航、人员执照、运营人、指挥控制链路性能与服务提供方等方面的审定，或者发放单独的许可、执照、合格证，而是根据无人航空器系统运行的环境和任务，进行全面的安全风险评估，风险评估结果决定是否允许运营人在其申请的条件下运行。为开展运行风险评估，JARUS 以安全管理体系为基础，结合无人航空特征，创立了特定运行风险评估（SORA）方法。监管机构、运营人或者第三方风险评估机构将使用特定运行风险评估方法，对某一次、某一系列或者某一运行人的运行风险进行评估，风险在可以接受的安全水平的，批准运行；风险高出可以接受范围的，运营人要采取降低风险措施直至达到可以接受的水平，否则监管机构不能批准运营。这种以运行风险评估结果决定是否批准运行的方法，对于创新型无人航空器和运行可以在取得适航证、运行许可证书或者其他证照前即在安全可控的条件下运行，平衡了安全与创新之间的矛盾。

为了更加便利地实施特定运行风险评估，JARUS 结合可获得的运行经验积累，编制了一系列标准运行场景。对于公布了标准运行场景的运行，运营人只要证明符合标准运行场景条件，即推定其符合安全监管要求，运营人向监管机构提交符合性声明后，即可开展运行。各国的监管机构可以根据本国国情和产业应用经验，陆续公布本国的标准运行场景，各监管机构间也可以就标准运行场景进行互认。标准运行场景的编制和公布，可以进一步便利 B 类风险运行实施。

考虑到无人航空运行数量、频次、范围都将相对于有人航空大幅增加，而各国航空监管机构针对无人航空进行风险评估、审定、许可的监管人员数量不可能在短期内大量增加，人员的能力、经验也不可能在短期内迅速满足工作需要，JARUS 规则允许第三方机构在监管机构授权范围内进行运行风险评估，监管机构可以认可第三方机构风险评估结果，减轻监管压力。

2019 年 JARUS 成都大会期间，对此前的工作进行了阶段性总结，讨论了 JARUS 未来工作议题和机构改革方案，并原则性获得通过。2020 年 10 月 JARUS 线上大会审议通过了全部改革方案。根据大会决议，JARUS 关闭了完成既定任务的人员能力与执照、通讯、探测和避让、运行概念等四个专家组；保留并升级四个工作组，命名为运行、人员和机构组，适航组，安全与风险管理组，创设自动化运行概念组。

自 2020 年大会起，JARUS 将朝着更前沿的科技创新、更颠覆性的无人航空运行模式，以及更深入的监管规则革新开展工作，JARUS 从此进入历史新时代。

为协调 JARUS 和国际民航组织秘书处、专家组和顾问组的工作，JARUS 领导层和国际民航组织航行局局长达成了一致协议，双方定期沟通信息，通报工作进展，分享工作成果。值得注意的是，JARUS 的专家和国际民航组织专家组、顾问组的成员具有超过百分之五十以上的重合率，为两个机构工作的协调奠定了良好基础。

7.1.2　国际无人机系统标准化协会（UASA）

由中国发起的国际无人机系统标准化协会是由从事无人机系统领域技术开发、产品制造、运营企业、事业单位及高等院校、社会团体自愿组成，开展无人机系统领域标准化活动的行业性、国际性、非营利性社会组织。协会主要研究制定引领支撑无人机产业发展的先进标准，构建中国无人机系统团体标准体系，把具有自主知识产权的标准推向世界。协会采用单位会员制，广泛吸收优秀的无人机系统科研、技术开发、产品制造企业、运营企业、高等院校、社团组织等参加。中国航空综合技术研究所作为我国航空器标准化专业研究机构，针对当前无人机标准化工作滞后于行业发展，标准无法满足无人机监管需求、标准体系规划尚未完成、各类各级标准严重缺失、标准不够贴近市场等现状，为推动无人机企业参与国际竞争，积极贯彻国务院发布的《深化标准化工作改革方案》，践行国家深化标准化改革的方案，培育发展无人机团体标准，发起并组织筹建"无人机系统标准化协会"。

国际无人机系统标准化协会（International UAS Standardization Association）是

一个国际组织，旨在推动无人机系统的标准化发展和应用。该协会的作用主要有以下几个方面：无人机系统标准的制定对无人机进行了比较准确的描述，为后续整个无人机行业做出了规定，促进无人机安全性设计工作的规范化和通用化，该协会通过借助多方力量，综合协调各方资源，制定、更新和发布无人机系统的标准，这些标准涵盖了无人机设计、制造、操作、维护等方面的要求，确保无人机系统的安全性、可靠性和互操作性；其次提供专业化的指导，国际无人机系统标准化协会为无人机系统设计和应用领域的各类专业人士提供相关技术指导和培训，帮助他们更好地理解和应用无人机系统标准，进而推动无人机系统的设计和应用水平的不断升级更新，促进无人机相关行业的健康发展；与此同时，促进无人机研究发展，加强相关技术的交流，协会通过组织会议、研讨会和培训班等活动，为无人机系统标准领域的专家学者、企业界代表和政府官员等提供交流和合作的平台并通过促进各方之间的交流和合作，整合各方资源和优势，取长补短，以至于推动无人机系统标准的不断完善和更新；此外协会还会积极与其他国际组织和相关机构展开深度合作，共同推动无人机系统标准的国际化进程，并且通过加强国际合作，协会推动无人机系统标准在全球范围内的应用和推广，促进无人机系统产业的国际交流与合作。

总之，国际无人机系统标准化协会在无人机系统标准领域的制定、指导、交流和国际合作方面发挥着重要的作用，促进了无人机系统的标准化发展和应用，推动了无人机相关行业的健康发展。

在 2015 年无人机系统标准化协会理事会及技术委员会成立大会上，协会秘书长、中国航空综合技术研究所总工程师徐明颁布了《无人机系统术语》和《民用无人机系统分类及分级》两项团体标准。这是我国发布的首批无人机系统团体标准，标志着"野蛮生长"的无人机产业将步入更加健康有序的发展轨道。其中，《无人机系统术语》针对无人机系统设计、生产、消费、使用和监管，主要规定基础术语、无人机平台、任务载荷、控制站、数据链、保障与维护等 6 方面的术语定义；《民用无人机系统分类及分级》标准针对民用无人机系统的安全监管和研制生产，主要规定了民用无人机系统按平台构型、起飞 / 空机重量或气囊体系、动能、目视视觉接触操作、控制方式，感知与规避能力、最大设计使用高度、最大空速、实时操作距离、续航时间等 16 个维度的分类和分级要求。国际无人机系统标准化协会（筹）第一届理事会 2019 年全体会议在天津举行。基于"市场急需，急用先行"的原则，协会于会议当天正式发布了 14 项团体标准。其中，通用标准 6 项，固定翼无人机标准 1 项，无人直升机标准 1 项，多旋翼无人机标准 6 项。以满足当前无人机产业实现高质量发展对标准体系建设愈发迫切的需求，并运用标准这一行业的共同语言和规则，引领、规范、促进无人机产业的健康发展，推动"中国标准"成为"世界标准"。

该协会由民政部、工业和信息化部和国家标准化管理委员会指导，从事无人机系统领域研究、设计、生产、运营的企业、事业单位、高等院校及其他社会组织自愿组成的全国性、行业性、公益性社会组织。主要是贯彻国务院《深化标准化改革》和《"十二五"国家战略性新兴产业发展规划》的要求，推进无人机技术成果向标准转化，推动无人机系统管理标准、技术标准研究、制定、服务、推广，促进政府与企业的交流沟通，搭建产、学、研、用联合平台，构建无人机标准体系，提升无人机设计研发、生产制造、集成应用和服务保障的水平，提高和保持中国无人机产品的国际竞争力，促进中国无人机系统产业发展。

为了更好地开展无人机系统标准研究工作，把无人机系统运营企业、制造企业、研究单位、高等院校等关心标准的企事业单位组织起来，按照公平、公正、公开的原则制定标准，进行标准的协调、把关，把高技术、高水平、高质量的标准推荐给政府，把具有自主知识产权的标准推向世界，支撑中国的无人机系统产业的发展。其业务范围主要如下：

1）宣传国家标准化法律、法规和方针政策，向主管部门反映会员单位对无人机系统标准化工作的意见和要求，促进主管部门与会员之间的交流与沟通；

2）开展无人机系统标准体系研究和技术调研，提出标准制、修订项目建议；组织会员开展标准的起草、征求意见、协调、审查、标准符合性试验等标准化活动；

3）组织开展无人机系统标准的宣讲、咨询、服务及培训，推动无人机系统标准的实施；

4）组织国内外无人机系统技术与标准化的交流与合作，积极参与国际标准组织的活动和国际标准的制定；搜集、整理国内外无人机系统标准相关信息和资料，支撑无人机系统标准研究活动；

5）推动企业准入、产品备案登记、产品编码、产品认证、质量检测、品牌建设、展览展示，促进行业健康快速发展，倡导行业自律；

6）承担主管部门、会员单位或其他社团委托的与无人机系统标准化有关的工作。

7.1.3 国际民航组织对于民用无人机制定的相关规则

国际民用航空组织（International Civil Aviation Organization，ICAO）是负责制定国际民航规则和标准的联合国专门机构。在对于民用无人机的规范管理上，ICAO制定了一系列专业化的规则和标准，以确保其安全运行和与其他飞行器的协调。以下是ICAO对民用无人机制定的一些规则：ICAO对无人机进行了明确定义，将其称为"遥控飞行器系统（RPAS）"，并将其分类为小型RPAS、中型RPAS和大型RPAS；对无人机注册和运营进行要求，ICAO鼓励各国建立无人机注册和运营要求的框架，以确保操作者和飞行器的合法性和可追溯性；还规定了无人机飞行规则，ICAO 要求各国制定适用于无人机的飞行规则，包括最低高度、与其他空中交通的协调等；对无人机进行安全管制和通信安全保障，ICAO 建议采用适当的通信和监视技术，以确保与其他飞行器的协调和安全；加强飞行人员技术培训和资质审查，ICAO 要求无人机飞行人员接受相应的培训和持有适当的资质证书，以确保其熟悉操作规程和飞行安全程序；ICAO 还要求无人机系统的设计和认证符合适用的安全标准和要求，以确保其安全性和适航性；ICAO 要求无人机具备适当的通信设备和数据链路，以确保其与地面控制站和其他飞行器的通信和数据交换能力。

这些规则和标准旨在确保民用无人机的安全和与其他飞行器的协调，提高空中交通的效率和安全性。各国可以根据自身情况，在这些基本规则和标准的基础上制定本国的具体规定和措施。

7.2　国内民用无人机的主要行业协会、联盟

不同于国际无人机系统标准化协会，非政府组织和非营利组织等组织主要是指以无人机技术为核心，以推动无人机技术研发、应用和普及、维护无人机行业利益，提供相关服务等为宗旨的组织形式。该类组织一般由一群无人机爱好者、专业人士、研究机构等自发组织成立，注重科研、教育和社会责任，通常不由政府机关直接组织领导，也不以盈利为目的，而是通过筹措资金、捐助等形式维持无人机相关组织的正常运营。无人机非政府组织和非营利组织可能会参与政府制定无人机政策、行业标准、推动安全、环保、人道主义等方面的行动，促进无人机技术的进步与应用，推动无人机行业持续健康发展。

7.2.1　中国航空器拥有者及驾驶员协会

中国航空器拥有者及驾驶员协会，简称为中国航驾协或中国 AOPA（Aircraft Owners and Pilots Association of China，缩写为 AOPA-China），是以全国航空器拥有者、驾驶员为主体与航空业相关企业、事业单位、社会团体及个人自愿结成的全国性、行业性社会团体，是非营利性社会组织；是中国（含香港、澳门、台湾地区）在国际航空器拥有者及驾驶员协会（IAOPA）的唯一合法代表。

宗旨：促进、维护和代表会员在民用航空领域的权益，积极发挥反映行业诉求、加强行业自律、优化行业服务、推进行业发展的合作平台和桥梁纽带作用，为新时代"两翼齐飞、民航强国"多做贡献。

业务范围：组织开展与民用航空相关的调查和研究，与主管部门建立工作联系制度，协助政府部门制定、贯彻、宣传相关法律法规政策，共同推动民用航空健康有序的发展；代表会员权益，反映会员诉求，维护会员权益；经政府有关部门批准开展国际交流与合作，参加国际航空器拥有者及驾驶员协会的例行会议，协助会员开展跨境、跨域飞行活动；制定、发布并实施团体标准，推动科技进步和行业自律

持续发展，推进诚信体系建设，维护市场秩序；开展航空科技、民航安全、标准质量、人力资源、职业技能等相关业务咨询、培训工作；根据授权充分利用互联网开展行业调查，进行信息、数据分析、研究，普及航空文化，编辑出版行业书刊、报告、影像资料，促进行业科技创新、进步；受政府委托承办或根据市场和行业发展需要举办国际、国内行业展会、论坛及技术交流活动，搭建交流平台，推广行业先进技术及应用成果；组织有资质的会员单位开展航空器相关的研发、试飞、适航、交易、储存、改装、航材共享等专业服务；组织开展社会公益事业活动，承担政府相关部门及其他社会组织委托办理的事项。

AOPA 中国现有近 300 家具备培训资质的训练机构，31 个考试中心，截至 2019 年年底，颁发了 67218 本民用无人机驾驶员证照。从统计学员就业方向来看，航拍占 17.22%、农林植保占 13.89%、电力巡线占 14.83%、测绘占 13.2%、警用占 7.43%、无人机培训占 7.33%、消防占 6.43%、应急救援占 4.15%、物流运输占 1.28%、其他应用占 5.71%，另有 8.53% 未能准确统计去向。

7.2.2 中国无人机产业创新联盟

2017 年年底工业和信息化部印发了《关于促进和规范民用无人机制造业发展的指导意见》，提出加快建立全国性的无人机行业协会，积极发挥协会作用。支持成立中国无人机产业创新联盟，推动无人机领域协同创新。发挥行业协会、产业联盟熟悉行业、贴近企业优势，加强宣传和引导企业用足用好各项政策。强化行业自律，促使企业在生产、销售过程中遵守国家相关规定，从源头上规范民用无人机生产应用。

中国无人机产业创新联盟在工业和信息化部支持和领导下，于 2018 年 5 月 23 日在北京成立，联盟是由无人机平台，载荷，产业化应用的研究、开发及综合应用服务等百余家具有行业影响力的相关企事业单位、高等院校、科研机构、产业园区等发起，按照"创新发展、开放融合、安全规范、协作共赢"的宗旨组成的跨行业、开放性、非营利性的社会组织。

工作职能：包括战略发展研究、标准化制定、信息建设、研究院 / 创新中心、会展赛、国际合作和定制服务等。

其中，战略发展研究方面：联盟组织相关专家，共同编制《2019—2020 中国无人机产业发展报告》；与国家相关部门对接衔接，制定无人机核心技术发展规划计划，为政府部门、行业用户提供战略支撑，并申请无人机相关课题。

标准化制定方面：建立联盟标准化领导小组，组织或参与与无人机有关的国际标准、国家标准、行业规范的起草、修订、贯彻和实施。

信息建设方面：搭建行业信息资讯平台——无人机时代网，包含国内外资讯发布、产品买卖、成果发布与交易、需求信息收集与发布、资料上传与发布、商家店铺管理、会员管理等功能。与《无人机杂志》《无人系统》等刊物合作，作为联盟会刊联合办刊，打造其成为国内权威、国际有影响力的学术期刊。

行业盛会方面：2020 年 10 月 13—15 日在北京亦创国际会展中心举办了全球无人机应用及防控大会（会展赛），主要活动有 1 个 1000 人大会、1 个 2 万平米展览、3 个学术交流会、11 个产业化论坛、1 个大赛。

国际合作方面：与多国大使馆科技参赞保持密切合作关系，如美国、德国、法国、意大利、澳大利亚、土耳其、埃及、沙特等国家，在技术、项目、人才、商贸等方面开展对接交流合作。

定制服务方面：一是引入高新技术人才团队，开展成果转化、技术转移，成立联合研发中心、院士专家工作站、创新研究院；二是助力企业金融对接，开展技术产品鉴定评估、融资对接服务合作、产业基金投资、中小企业收并购等；三是拓展国际合作，专注孵化国外先进技术、开拓"一带一路"重点区域新兴市场、快速投资和退出变现、资产配置等；四是搭建军民融合项目转化平台，开展联合申报、引入军民融合项目、为国防单位配套生产、建立军民融合基地等。

7.2.3　全国各省成立无人机行业协会情况

随着科学技术的不断发展，国家将通用航空产业定位为战略性新兴产业重点扶持行业。无人机行业作为通航产业的一部分，国家科技部、工业和信息化部等有关部委出台系列政策，并将无人机系统发展纳入"中国制造 2025"，重点进行研究和部署。无人机产业是一个新兴产业、朝阳产业，是通用航空产业的重要组成部分，也是通用航空领域发展最快的产业和最有力的推手。其产业链涉及研发、制造、维修、运输、旅游、展览展销、教育培训等诸多方面，可有效整合通用航空研发、制造、服务、人才、空域等资源，促进通用航空产业高质量发展。全国 31 个省市均将通航产业发展特别是无人机产业发展列入政府重点发展规划，正在培育经济增长新动能，成立了相关协会，通过了《无人机行业协会章程》《无人机行业协会会费管理办法》和《无人机行业协会选举办法》等相关制度，选举产生了理事单位，召开了理事会会议，选举产生了会长、副会长、秘书长等人员，逐步构建一个以政府为主导、多元治理主体共同参与、社会协同的民用无人机治理格局，把协会作为政府、企业之外推动无人机建设和发展的第三种力量，以服务为中心，开展各种培训、咨询，组织行业企业反映共同诉求，促进行业有序、有效的发展。

各协会牢固树立并始终践行创新、协调、绿色、开放、共享的新发展理念，紧密围绕新时代民航强国建设任务，把握无人机运行特点规律，抢抓无人机产业发展机遇，在无人机事业发展中扮演好资源的整合者、规则的搭建者、行业的服务者、产业的促进者等角色，带领会员单位积极参与无人机及通用航空支持政策、发展规划的起草制定，积极参与重大平台、重大项目的推进建设，构建"社会管理＋行业管理"的格局，形成安全、高效、顺畅、可持续的民用无人机运行体系，打造与各类航空器相适应的运行生态系统，为无人机产业实现跨越式发展贡献强大智慧和力量。

其中，深圳市无人机行业协会是比较突出的地方协会。该协会是经深圳市民政局核准登记的行业性组织，2015 年 10 月 29 日成立，现有会员近 500 家，设有专家委员会、标准委员会、水域无人系统专业委员会、无人机竞速委员会、航拍专业委员会、青少年智能科技教育委员会、氢能专业委员会、反制技术专业委员会、飞控技术专业委员会、新材料专业委员会、电机电条专业委员会。与全球 50 多个国家和地区的无人机行业组织建立了联系，先后举办六届世界无人机大会、七届深圳国际无人机展、300 多场各类无人机应用论坛、50 多场次无人机表演和比赛，制定了 33 项无人机团体标准。创办了《无人机与机器人》会刊，撰写了 60 多万字的《中国无人机行业发展报告》《深圳市无人机产业发展报告》《全球无人机产业发展报告》，受到行业专家的好评。

7.3 政府认可的无人机检测机构

无人机系统标准是检测认证工作开展的重要依据，目前已发布了强制性国家标准 GB 42590—2023《民用无人驾驶航空器产品安全要求》，是无人机检测认证工作的重要参照标准，其余已发布的各级各类无人机标准作为推荐性标准选择使用。

无人机系统检测机构一般围绕涉及国家安全、公共安全、个人安全的监管需求，为无人机系统提供安全性试验、评估、认证服务。检测范围涉及固定翼、多旋翼、无人直升机等构型，兼顾各种行业应用需求，并取得 CNAS 或 CMA 资质，为各类用户开展无人机系统产品安全性检测认证服务。

经过近些年无人机产业的蓬勃发展，无人机应用广泛、种类繁多，覆盖各个领域，但同时无人机也呈现出质量水平参差不齐，缺少规范化的试验检测，由此导致的安全可靠、信息保密等问题时有发生。因此，需要对无人机开展全面的试验检测。2019 年 2 月，中国合格评定国家认可委员会（CNAS）授权中国民航研究院民用无人机检验中心成为行业内首个从事无人机检验的 A 类第三方检验机构，工业和信息化部电子第五研究所、中国电子科技集团公司第五十四研究所等单位也取得无人机检测资质。

目前，全国已有 15 个经国家授权有资质的无人机检验鉴定机构，本节介绍其中部分机构。

中关村 e 谷无人机系统检测中心，是延庆区创建无人驾驶航空试验基地（试验区）打造的一项重点项目。目前，该检测中心可试验科目包括：一般环境力学，导航定位测试单元，飞行安全测试单元，电池系统测试单元，避障测试单元，无线电抗干扰测试单元，抗风抗雨试验测试单元，身份识别及人身损伤共计 9 个试验单元，49 个试验科目。未来，中关村 e 谷无人机系统检测中心将借助延庆区独特的空域优势和政策优势，并依托中关村 e 谷聚集的航空、航天等科研院所及高校在无人系统各个领域的研发、创新优势打造国家级 "无人系统综合试验测试与研究平台"。

博恩德检测机构是拥有专业仪器设备的实验室，能够提供精准、专业、权威的无人机检测数据，包括航拍无人机设备、无人机玩具、民用无人机、农用无人机、空中表演类无人机等设备，并主要从事无人机可靠性检测、跌落试验、飞行性能测试、碰撞试验、环境适应性检测、电池充放电性能测试、电磁兼容检测、抗电强度检测、抗高低温检测、绝缘电阻检验、定位精度测试、无人机抗风能力检测、无人机遥控距离检测、最大飞行高度检测、无人机飞行半径检测等项目，是一家综合性第三方检测机构。

中化所实验室可对各类无人机进行检测，出具第三方无人机检测报告。不仅包括常规的检测项目，还可进行无人机发动机测试（抗霉菌试验，高温高湿可靠性，淋雨试验，盐雾试验，贮存试验，太阳辐射试验），以及基础飞行性能、抗风性、维修性、声隐性、自主飞行、安全性、高海拔性能、环境适应性、电磁兼容性、可靠性等的检测。

河南无人机检验检测中心是国内首家专门以无人机检验检测、标准研制、技术研究、人才培训等为主要任务的检测科研机构。目前可开展农业植保无人机的摔震性能、环境适应性能、可靠性能、飞行控制性能、喷雾性能、抗风性等性能检测，未来欲将检测范围扩展到农业、林业、警用、消防、测绘等各类无人机产品，为无人机生产企业提供行业内最前沿的科研信息和检测数据。

深讯科检测机构在航空、电力巡检、农业植保、遥感测绘、警务巡逻等中小型无人机及关键机载设备的可靠性试验、环境适应性试验、电磁兼容试验获 CNAS 认可，该机构可进行高低温测试、跌落测试、GPS 搜星测试、按键测试、振动测试、线路弯折测试等项目。此外，国内首个高原无人机系统检测中心，即将在海北藏族自治州刚察县开工建设。该项目的实施，旨在充分发挥企业装备雄厚的科研优势，打造集产、学、研、制造、生产、测试、试飞、销售于一体的创新产业集群与人才高地，开辟高精尖技术企业与地方资源共享、合作共赢的新模式。

无人机检测认证机构的作用是对无人机进行检测和认证，以确保无人机的安全性、性能和合规性。该机构可以通过测试无人机的飞行性能、传感器性能、电池寿命等方面来评估其质量和可靠性。同时，他们还能为无人机制定认证标准和规范，并提供相关的认证服务。无人机检测认证机构的作用是对无人机产品进行技术检测、质量认证和安全评估。具体而言，无人机检测认证机构可以提供以下方面的服务和作用。首先是对无人机技术的检测，无人机检测认证机构可以对无人机产品的设计、结构、性能等方面进行技术检测，以验证产品是否符合相关标准和规范要求；还有进行无人机质量认证工作，无人机检测认证机构可以对无人机产品的制造过程、质量管理体系等方面进行审核和认证，以确保产品的质量合格；其次是安全评估，无人机检测认证机构可以对无人机产品的安全性进行评估，包括对飞行控制系统、无线通信系统、电池系统等方面的安全性能进行测试和验证；同时还有相关标准的制定，无人机检测认证机构可以参与或主导制定无人机产品的行业标准和技术规范，对市场上的无人机产品进行技术指导和规范引导，推动无人机行业的健康发展；加强无人机安全监督和执法，无人机检测认证机构在发现无人机产品存在质量问题、安全隐患或违反规定的情况下，可以向相关部门举报并提供技术依据，对违规行为进行监督和执法。

综上所述，无人机检测认证机构在保障无人机产品质量和安全、推动行业标准和规范制定等方面起着重要作用。随着《暂行条例》以及无人机强制性标准的实施，无人机的检测认证更加规范，需求增加，主要体现在以下几个方面：

第一，安全性认证需求增加：随着无人机数量的增加，对无人机的安全性要求也越来越高。检测认证机构可以对无人机进行飞行安全评估，以减少飞行事故的发生。

第二，技术创新和更新换代：随着科技的发展，无人机的技术也在不断更新换代。检测认证机构需要跟踪市场上新型无人机的技术发展，及时研究新的测试方法和技术标准，以适应快速变化的市场需求。

第三，法规合规性方面的需求：无人机的运营受到法规和政策的限制，必须符合相应的飞行规定。检测认证机构需要深入研究各个国家和地区的飞行规定，为无人机制定合规性评估标准，并为企业提供合规性认证服务。

第四，环境适应性认证：无人机在不同环境下的飞行性能和稳定性可能存在差异。检测认证机构可以对无人机进行环境适应性测试，评估其在不同气候条件、高度、气压等环境下的飞行表现。总的来说，无人机检测认证机构在确保无人机安全性和可靠性的同时，还需要密切关注技术创新、法规合规性和环境适应性等需求趋势，以适应无人机市场的发展和挑战。

第 8 章

《无人驾驶航空器飞行管理暂行条例》理解与适用

《无人驾驶航空器飞行管理暂行条例》于 2024 年 1 月 1 日起实施。本章对比国家现有法规，介绍了《暂行条例》对现有法律法规的继承与创新，和对空域运行管理的创新，并对《暂行条例》中生产制造（研制、生产、适航）、使用（购买、登记、飞行、驾驶、运营）、监管（空城划设、监管平台、地方政府职责）等方面进行归纳和介绍，以供读者深入了解《暂行条例》的管理体系与具体内容。另外，本书也将《无人驾驶航空器飞行管理暂行条例》作为附录，供读者参考。

8.1　管理部门

《暂行条例》确定的无人机的管理部门可以概括为，统一领导、四个部门、多个机构、行业协会、地方政府，具体管理结构如图 8-1 所示。

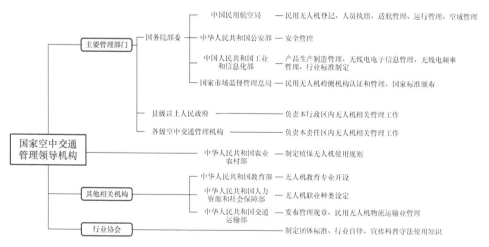

图 8-1　民用无人机国家管理部门及职责

统一领导：国家空中交通管理领导机构统一领导全国无人驾驶航空器飞行管理工作，组织协调解决无人驾驶航空器管理工作中的重大问题。即无人机的飞行管理由国家空中交通管理领导机构统一领导。

四个部门：国务院民用航空、公安、工业和信息化、市场监督管理等部门按照职责分工负责全国无人驾驶航空器有关管理工作。即民用航空、公安、工业和信息化、市场监督管理四个主要部门，按照职责分工负责民用无人机管理。

多个机构：各级空中交通管理机构按照职责分工负责本责任区内无人驾驶航空器飞行管理工作。各级空中交通管理机构，是军队和民用航空管理部门内负责有关责任区空中交通管理机构。责任区，就是管制区和管制分区等不同的级别，是多个机构进行飞行管理。

地方政府：县级以上地方人民政府按照职责分工负责本行政区域内无人机管理有关工作。

行业协会：《暂行条例》确定，无人驾驶航空器有关行业协会应当通过制定、实施团体标准等方式加强行业自律，宣传无人驾驶航空器管理法律法规及有关知识，增强有关单位和人员依法开展无人驾驶航空器飞行以及有关活动的意识。行业协会要在无人机管理中发挥作用，主要任务是团体标准制定、行业自律、宣传科普守法使用知识等。

在我国空域管理是由军队和民航分区分别进行。《暂行条例》也涉及军方的管理责任，是由国务院、中央军委联合发布的军事行政法规。

民航局、公安部、工业和信息化部、市场监督管理局在无人机监管中承担责任，和农业农村部等其他国家部委在民用无人机管理中承担的具体工作，在第4章中已介绍。国家主要的民用无人机行业协会和无人机相关的非政府组织，在第7章中已介绍。

地方政府在无人机管理工作中的职责，也已在第5章中进行介绍。

8.2 新制度性设计与管理创新

8.2.1 三个重要的新制度性设计

按照我国已有法规形成了独特的空域管理方式：民航管理航路、航线、机场进近区、塔台和周边区域，其余的空域由军方管理。这种管理方式已经延续的几十年，保障了民航运输业的安全有序快速发展。通用航空的飞行灵活多样，国家自2016年开始用各种政策鼓励通用航空发展，但通用航空发展一直没有达到政府的政策预期，这与国家通用航空运行基础环境和运行管理政策环境相关。

近年来，无人机爆发式的增长，使得原有的政府对航空业监管法规标准、监管方式和基础能力无法应对。《暂行条例》的尽快颁布实施，并根据近年来运行发展

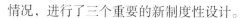

情况，进行了三个重要的新制度性设计。

1. 首次在国家法规中定义了"适飞空域"

按照我国法律法规，所有飞行必须预先提出申请，经批准后方可实施，即所有的空域都是管制空域。《暂行条例》将空域划分为无人机管制空域和适飞空域。这是首次在国家法规中定义适飞空域，即无需经申报批准即可飞行的空域。在国家法规中，《暂行条例》首次豁免了微、轻、小三种类型无人机在其适飞空域内的飞行申请。

《暂行条例》中明确，国家根据需要划设无人机管制空域。管制空域范围以外的空域为微型、轻型、小型无人驾驶航空器的适飞空域。

2. 首次规定了地方人民政府在无人机飞行管理中承担的工作和责任

按照国家法律法规，民用航空局以及所属的地区管理局，负责民用航空运输的运行管理，空域由民航和军方按照划定的责任区分别管理，各地方政府一般不参与民航日常管理工作。有省市的发改委设有民航处，主要是对机场建设等基础设施的管理和协同，不参与民航运输的日常管理。《暂行条例》创新地规定了地方县以上人民政府和设区的市级以上人民政府在无人机管理中的工作和责任，在空域及飞行管理、监督和应急处置等方面均有涉及。

3. 首次确定了民用无人机分产分类合格监管的方式

按照《民用航空法》，所有的航空器必须取得适航证方可飞行。适航管理条例规定了航空器适航管理的程序、流程及要求。《暂行条例》创新性地确定了新的制度，即大型、中型无人机进行适航管理，最大起飞重量 25 千克以上、空机重量 15 千克以上（空机重量包含电池在内）无人机，需要适航认证管理，是单件产品认证管理的方式。微型、轻型、小型无人机按照大宗产品进行标准认证管理。

8.2.2　三个管理创新

从我国政府对民航业监管和服务的历史和现状来看，《暂行条例》在管理方式上有三个创新。

1. 统筹建立综合监管服务平台

《暂行条例》规定，由空中交通管理领导机构统筹建设无人驾驶航空器一体化综合监管服务平台。制造者、购买者、使用者、监管者和服务者适用同一个一体化的综合监管服务平台，实施动态监管与服务，同时实现信息动态互联与共享。归纳起来就是国家建、协同管、社会用。

国家建：是由国家统筹建设综合监管服务平台对民用无人机进行动态监管与服务。

协同管：是由空中交通管理机构和民用航空、公安、工业和信息化等部门按照职责分工采集无人驾驶航空器生产、登记、使用的有关信息，依托无人驾驶航空器一体化综合监管服务平台共享，并采取相应措施保障信息安全。是多个部门协同配合，使用综合监管服务平台对民用无人机进行监管和服务。

社会用：是综合监管服务平台对社会公众开放使用。在综合监管服务平台上向社会公布审批事项、申请办理流程、受理单位、联系方式、举报受理方式等信息并及时更新。

2. 分类分级管理

《暂行条例》对所有无人驾驶航空器，根据重量、平飞速度、可控程度确定的运行风险等级施行分类分级管理，在产品认证、操控员执照、运营要求、飞行活动申请等多方面基于无人机型别采取不同管理方式。

实际上是微型基本完全放开，轻型、小型有条件放开，中型、大型重点管控。

3. 多部门协同配合空域管理

《暂行条例》完善顶层设计，强化协同监管，确立了国家空中交通管理领导机构统一领导无人驾驶航空器飞行管理工作，国务院相关部门、县级以上各级地方人民政府及其部门、各级空中交通管理机构按照职责分工负责的管理体制。

管制空域具体范围由各级空中交管机构按照规定确定，由设区的市级以上人民政府公布，民用航空管理部门和承担相应职责的单位发布航行情报。按照规定需要设置管制空域地面警示标志的，由设区的市级人民政府组织设置并加强日常巡查。

我国已经形成了民航运输业由民航局其直属的地方管理局进行管理，飞行管理由民航空管局和军方按照划分的责任区分别进行管理的体制。《暂行条例》规定了公安部门、地方政府等部门在无人机管理中的责任，形成了多部门协同管理的新格局。

8.3　管理范围和适用规定以及例外情况

1. 军用无人机

《暂行条例》规定，军用无人驾驶航空器，国务院、中央军事委员会另有规定的，适用其规定。也即军用的无人驾驶航空器按照已有规定执行，国务院、中央军事委员会另有规定的适用其规定。

2. 警察、海关、应急管理部门用无人机

《暂行条例》规定，警察、海关、应急管理部门用无人机的相关管理办法由国务院有关部门另行制定。即是，警察、海关、应急管理部门的国家无人机，不适用《暂行条例》，需要另行制定管理规则。

3. 模型航空器

《暂行条例》规定，模型航空器的分类、生产、登记、操控人员、航空飞行营地等事项的管理办法，由国务院体育主管部门会同有关空中交通管理机构，国务院工业和信息化、公安、民用航空主管部门另行制定。

4. 自备动力系统的飞行玩具

《暂行条例》规定，自备动力系统的飞行玩具适用本条例的有关规定，具体办法由国务院工业和信息化主管部门、有关空中交通管理机构会同国务院公安、民用航空主管部门制定。即是，自备动力系统的飞行玩具适用《暂行条例》部分规定，还会单独制定管理规则加以完善。

5. 室内飞行的无人机

《暂行条例》规定，无人驾驶航空器在室内飞行不适用本条例。即，仅在室内飞行的无人机，不按《暂行条例》进行管理，不在管理范围内。

6. 无人机反制设备

《暂行条例》定义了无人驾驶航空器反制设备，是指专门用于防控无人驾驶航空器违规飞行，具有干扰、截控、捕获、摧毁等功能的设备。

军队、警察以及按照国家反恐怖主义工作领导机构有关规定由公安机关授权的高风险反恐怖重点目标管理单位，可以依法配备无人驾驶航空器反制设备，在公安机关或者有关军事机关的指导监督下从严控制设置和使用。

无人驾驶航空器反制设备配备、设置、使用以及授权管理办法，由国务院工业和信息化、公安、国家安全、市场监督管理部门会同国务院有关部门、有关军事机关制定。

7. 该条例未规定的情况的适用法律法规

无人驾驶航空器飞行以及有关活动，《暂行条例》没有规定的，适用《中华人民共和国民用航空法》《中华人民共和国飞行基本规则》《通用航空飞行管制条例》以及有关法律、行政法规。

8.4 无人机管理的分类分级

为了对不同类型的无人机实施不同方式的管理，《暂行条例》规定了民用无人机分类，将民用无人机（按照重量、飞行高度、速度）分为微型、轻型、小型、中型、大型 5 类，外加农用无人机有特殊规定。

1）微型无人驾驶航空器指空机重量小于 0.25 千克，最大飞行真高不超过 50 米，最大平飞速度不超过 40 千米 / 小时，无线电发射设备符合微功率短距离技术要求，全程可以随时人工介入操控的无人驾驶航空器。

2）轻型无人驾驶航空器指空机重量不超过 4 千克且最大起飞重量不超过 7 千克，最大平飞速度不超过 100 千米 / 小时，具备符合空域管理要求的空域保持能力和可靠被监视能力，全程可以随时人工介入操控的无人驾驶航空器，但不包括微型无人驾驶航空器。

3）小型无人驾驶航空器指空机重量不超过 15 千克且最大起飞重量不超过 25 千克，具备符合空域管理要求的空域保持能力和可靠被监视能力，全程可以随时人工介入操控的无人驾驶航空器，但不包括微型、轻型无人驾驶航空器。

4）中型无人驾驶航空器指最大起飞重量不超过 150 千克的无人驾驶航空器，但不包括微型、轻型、小型无人驾驶航空器。

5）大型无人驾驶航空器指最大起飞重量超过 150 千克的无人驾驶航空器。

6）农用无人驾驶航空器指最大飞行真高不超过 30 米，最大平飞速度不超过 50 千米 / 小时，最大飞行半径不超过 2000 米，具备空域保持能力和可靠被监视能力，专门用于植保、播种、投饵等农林牧渔作业，全程可以随时人工介入操控的无人驾驶航空器。

为方便读者清晰了解分类标准及不同型别无人机的相关特性，笔者制作分类表见表 8-1。

表 8-1　无人驾驶航空器分类分级标准

型别	重量	性能	其他	备注
微型	空机重量小于 0.25 千克	最大飞行真高不超过 50 米； 最大平飞速度不超过 40 千米 / 小时	无线电发射设备符合微功率短距离技术要求； 全程可以随时人工介入操控	
轻型	空机重量不超过 4 千克； 最大起飞重量不超过 7 千克	最大平飞速度不超过 100 千米 / 小时	具备空域保持能力和可靠被监视能力； 全程可以随时人工介入操控	不包括微型
小型	空机重量不超过 15 千克； 最大起飞重量不超过 25 千克		具备空域保持能力和可靠被监视能力； 全程可以随时人工介入操控	不包括微型、轻型
中型	最大起飞重量不超过 150 千克			不包括微型、轻型、小型
大型	最大起飞重量超过 150 千克			
农用	最大起飞重量 150 千克以内为常规农用无人驾驶航空器	最大飞行真高不超过 30 米，最大平飞速度不超过 50 千米 / 小时，最大飞行半径不超过 2000 米	具备空域保持能力和可靠被监视能力； 全程可以随时人工介入操控	专门用于植保、播种、投饵等农林牧渔作业

8.5 无人机一体化综合监管平台

《暂行条例》规定，国家空中交通管理领导机构统筹建设无人驾驶航空器一体化综合监管服务平台，对全国无人驾驶航空器实施动态监管与服务。空中交通管理机构和民用航空、公安、工业和信息化等部门按照职责分工采集无人驾驶航空器生产、登记、使用的有关信息，依托无人驾驶航空器一体化综合监管服务平台共享，并采取相应措施保障信息安全。

《暂行条例》规定，国家空中交通管理领导机构应当组织有关部门、单位在无人驾驶航空器一体化综合监管服务平台上向社会公布审批事项、申请办理流程、受理单位、联系方式、举报受理方式等信息并及时更新。

综合监管服务平台是政府建、多部门协同管理信息共享、全社会公众使用。利用综合监管服务平台管理民用无人机是一种极具创新性的管理模式，是打通军用航空、民用航空、地方政府三方管理机构并协调各监管部门的联系机制的重要措施。

在综合监管服务平台建成之前，无人机飞行中需要报送信息，信息的接收方是无人机飞行数据动态平台。《暂行条例》实施后，这些飞行数据动态平台的功能，应该统一纳入或是接入综合监管服务平台。

截至 2023 年 3 月，民航局先后批准了 12 个无人机飞行数据动态平台，包括：

1）北京优云智翔航空科技有限公司的优云 (U-Cloud)

2）青岛云世纪信息科技有限公司的 U-Care

3）成都福来鹰通用航空有限公司的飞云系统 (该系统目前只在四川境内运行)

4）北京中斗科技股份有限公司的北斗云

5）北京云无忧大数据科技有限公司的无忧云管家系统

6）南京大翼航空科技有限公司发布的大翼云

7）千寻位置精准服务公司发布的知翼无人机监管平台

8）天宇经纬（北京）科技有限公司、中国联通云南分公司、中国联通研究院三方共同研发的沃天宇无人机云平台

9）广州极飞科技有限公司的极飞云（国内第一个和目前唯一一个获批的农业植保专用云服务系统）

10）上海拓攻机器人有限公司的拓攻云

11）中科院地理科学与资源研究所牵头研制的"中科天网"无人机综合管理云系统

12）中航空管系统装备有限公司发布的中航空管云

无人机飞行数据动态平台是目前政府监管民用无人机运行的方法之一。目前我国的极飞公司既生产无人机也运营无人机，同时能对运行的无人机进行动态数据收集和监管。极飞的这种成体系的生产、运营、监管、培训都具备的公司，将会在未来的国际市场竞争中占得先机和优势。

8.6　制造者要求

《暂行条例》中对制造者的要求包括对无人机产品出厂合格的要求以及在用户使用运行监管过程中的要求，例如夜间运行需要开灯。

除条例提出的规定以外，已推出的无人机产品国家强制性标准《民用无人驾驶航空器系统安全要求》（GB 42590—2023）也对民用无人机的生产制造提出了相关要求。该强制性标准除对航模之外的微型、轻型、小型民用无人驾驶航空器提出17条要求，包括电子围栏、远程识别、应急处置、结构强度、机体结构、整机跌落、动力能源系统、可控性、防差错、感知和避让、数据链保护、电磁兼容性、抗风性、噪声、灯光、标识、使用说明书等制性要求。《民用无人驾驶航空器系统安全要求》于2024年6月实施，民用无人机制造者需要按照新强制性标准生产微型、轻型、小型民用无人机产品。

8.6.1　民用无人机合格认定要求和更改性能后的管理办法

《暂行条例》规定了民用无人机合格认定要求和无人机设计更改无人机和改变性能后的管理办法，制定了不同类别民用无人机产品的合格认定方式。从事中型、大型民用无人驾驶航空器系统的设计、生产、进口、飞行和维修活动，应当依法向国务院民用航空主管部门申请取得适航许可。对已经取得适航许可的民用无人驾驶航空器系统进行重大设计更改并拟将其用于飞行活动的，应当重新申请取得适航许可。

从事微型、轻型、小型民用无人驾驶航空器系统的设计、生产、进口、飞行、维修以及组装、拼装活动，无需取得适航许可，但相关产品应当符合产品质量法律法规的有关规定以及有关强制性国家标准。

对微型、轻型、小型民用无人驾驶航空器系统进行改装的，应当符合有关强制性国家标准。民用无人驾驶航空器系统的空域保持能力、可靠被监视能力、速度或者高度等出厂性能以及参数发生改变的，其所有者应当及时在无人驾驶航空器一体化综合监管服务平台更新性能、参数信息。

8.6.2　识别码、激活码、安全警示要求等

《暂行条例》要求民用无人驾驶航空器的生产者为产品设置唯一识别码，轻、小型无人驾驶航空器应具备经实名登记后方可激活使用的功能。实施编码管理，实现"一机一码"，为实现无人驾驶航空器全生命周期的追踪和溯源，进一步做好流通和运行阶段的识别和监管提供技术手段。

唯一识别码需要在无人机机体标注。《暂行条例》规定微型、轻型、小型无人机生产者应当在机体标注产品类型及唯一识别码等。需要在产品外包装显著位置标明守法运行要求和风险警示，产品存在缺陷要召回。更改产品性能要在综合监管服务平台更新信息。

8.6.3　无人机设计生产应符合的运行管理要求

《暂行条例》明确产品空域保持能力要求，防止无人驾驶航空器超出适飞空域运行，实现对无人驾驶航空器飞行活动范围的可靠管控，有效避免违法违规飞行活动。

从事民用无人驾驶航空器系统的设计、生产、使用活动，应当符合国家有关实名登记激活、飞行区域限制、应急处置、网络信息安全等规定，并采取有效措施减少大气污染物和噪声排放。

无人机系统设计者、生产者确保无人机具有紧急避让和降落等应急处置功能，避免或减轻事故发生时造成的生命财产损失。

根据无人机型别划分的需要无人机生产者遵守的生产制造等相关要求见表 8-2。

表 8-2　无人驾驶航空器生产制造合格认定等要求

型别	合格认定	机体、包装标注	缺陷管理	备注
微型	符合产品质量法规；符合国家强制性标准；改装需符合国家强制性标准；改变出厂性能需在一体化监管服务平台更新参数性能信息	机体标注产品类型、唯一识别码；外包装标明守法运行要求和风险警示	发现产品缺陷需召回缺陷产品	符合国家有关实名登记激活、飞行区域限制、应急处置、网络信息安全等规定，并采取有效措施减少大气污染物和噪声排放
轻型				
小型				
中型	向民用航空主管部门申请取得适航许可；重大设计需要重新适航		不能持续适航的按有关适航规定处理	
大型				
农用	最大起飞重量 25 千克以上无人机需向民用航空主管部门申请取得适航许可			

8.7　使用者要求

8.7.1　无人机使用者和登记要求

购买除微型无人机以外的民用无人机的所有者应当按规定进行实名登记。

《暂行条例》规定，民用无人驾驶航空器所有者应当依法进行实名登记，具体办法由国务院民用航空主管部门会同有关部门制定。涉及境外飞行的民用无人驾驶航空器，应当依法进行国籍登记。本部分内容按照中国民用航空局于 2017 年 5 月出台的《民用无人驾驶航空器实名制登记管理规定》，"自 2017 年 6 月 1 日起，最大起飞重量为 0.25 千克以上的民用无人机持有者必须进行实名登记"的要求执行。

8.7.2 操控员执照要求

操控微型、轻型无人机应当熟练掌握操作方法，了解风险警示信息和有关管理制度。

操控轻型民用无人驾驶航空器在管制空域内飞行的人员，应当具有完全民事行为能力，并按照国务院民用航空主管部门的规定经培训合格。

操控小型、中型、大型无人机，其驾驶员应当取得民航主管部门颁发的安全操作执照。

操控员需要具备的条件包括：具备完全民事行为能力；接受安全操控培训，并经民用航空主管部门考核合格；无可能影响民用无人驾驶航空器操控行为的疾病病史，无吸毒行为记录；近 5 年内无因危害国家安全、公共安全或者侵犯公民人身权利、扰乱公共秩序的故意犯罪受到刑事处罚的记录。

从事常规农用无人驾驶航空器作业飞行活动的人员无需取得操控员执照，但应由农用无人驾驶航空器系统生产者按照国务院民用航空、农业农村主管部门规定的内容进行培训和考取操作证书。

无民事行为能力人只能操控微型民用无人驾驶航空器飞行，限制民事行为能力人只能操控微型、轻型民用无人驾驶航空器飞行。无民事行为能力人操控微型民用无人驾驶航空器飞行或者限制民事行为能力人操控轻型民用无人驾驶航空器飞行，应当由符合前款规定条件的完全民事行为能力人现场指导。

根据无人机型别划分的具体操控员要求见表 8-3。

表 8-3　无人驾驶航空器操控员要求

型别	颁证部门	操控要求	人员要求
微型	无执照要求	无需操控员执照；应熟练掌握有关机型操作方法；了解风险警示信息和有关管理制度	无民事能力行为能力人和限制民事行为能力人操控应符合规定的完全民事行为能力人现场指导
轻型	管制空域内飞行需按照国务院民航主管部门规定经培训合格		限制民事行为能力人操控应有符合规定的完全民事行为能力人现场指导；管制空域内飞行需完全民事行为能力人，并经民航主管部门培训合格
小型	民航局	操控员执照	完全民事行为能力；无影响操控疾病史及吸毒行为记录；5 年内无犯罪刑事处罚记录
中型			
大型			
农用	农用无人机生产者	按照民航、农业农村部规定培训考核取得操作证书	

8.7.3 经营的运行合格证要求

经营除微型以外的无人机从事飞行活动的单位应当具备一定条件并申请取得运营合格证。

《暂行条例》规定，使用除微型以外的民用无人驾驶航空器从事飞行活动的单位应当具备条件，并向国务院民用航空主管部门或者地区民用航空管理机构（以下统称民用航空管理部门）申请取得民用无人驾驶航空器运营合格证（以下简称运营合格证）：

（一）有实施安全运营所需的管理机构、管理人员和符合本条例规定的操控人员；

（二）有符合安全运营要求的无人驾驶航空器及有关设施、设备；

（三）有实施安全运营所需的管理制度和操作规程，保证持续具备按照制度和规程实施安全运营的能力；

（四）从事经营性活动的单位，还应当为营利法人。

民用航空管理部门收到申请后，应当进行运营安全评估，根据评估结果依法做出许可或者不予许可的决定。予以许可的，颁发运营合格证；不予许可的，书面通知申请人并说明理由。

使用最大起飞重量不超过150千克的农用无人驾驶航空器在农林牧渔区域上方的适飞空域内从事农林牧渔作业飞行活动（以下称常规农用无人驾驶航空器作业飞行活动），无需取得运营合格证。

取得运营合格证后从事经营性通用航空飞行活动，以及从事常规农用无人驾驶航空器作业飞行活动，无需取得通用航空经营许可证和运行合格证。

8.7.4 保险要求

《暂行条例》规定，使用民用无人驾驶航空器从事经营性飞行活动，以及使用小型、中型、大型民用无人驾驶航空器从事非经营性飞行活动，应当依法投保责任保险。

这表示只要是从事经营性活动，无论使用何种型别的无人机，都要投保责任险。使用除微型和轻型无人机从事非经营活动，也要投保责任险。

根据无人机型别划分的运营和投保要求见表8-4。

8.7.5 飞行活动申请及信息报送

《暂行条例》规定从事无人机飞行活动的单位或者个人实施飞行前，应当向当地飞行管制部门提出飞行计划申请，经批准后实施。微型、轻型、小型无人机在适飞空域内飞行，无需申请飞行计划。除微型以外的无人机进行飞行活动，操控员应确保无人机按规定向一体化综合监管服务平台报送识别信息。微型、轻型、小型无人机在飞行过程中应当自动发送识别信息。对农用无人机的管理和使用是特殊的规定。常规农用无人机作业飞行，在适飞空域内的农林牧渔区上空，飞行高度不超过30米，无需申请飞行计划，但需报送动态信息。

表 8-4　无人驾驶航空器运营和投保要求

型别	无人机运营合格证	非经营活动投保	经营活动投保	简政措施
微型	无需运营合格证	无保险要求	从事经营性飞行活动需投保责任险	取得无人机运营合格证后从事通用航空活动无需通用航空经营许可证和运行合格证
轻型	向航空主管部门申请民用无人驾驶航空器运营合格证			
小型		从事非经营性飞行活动需投保责任险		
中型				
大型				
农用	常规农用无人机适飞空域内作业飞行活动无需运营合格证			从事常规农用无人机作业无需通用航空经营许可证和运行合格证

其中，第三十一条规定无需向空中交通管理机构提出飞行活动申请的情形包括：微型、轻型、小型无人驾驶航空器在适飞空域内的飞行活动；常规农用无人驾驶航空器作业飞行活动；警察、海关、应急管理部门辖有的无人驾驶航空器，在其驻地、地面（水面）训练场、靶场等上方不超过真高120米的空域内的飞行活动（需在计划起飞1小时前经空中交通管理机构确认后起飞）；民用无人驾驶航空器在民用运输机场管制地带内执行巡检、勘察、校验等飞行任务（需定期报空中交通管理机构备案，并在计划起飞1小时前经空中交通管理机构确认后起飞）。

此外，应当依照条例规定提出飞行活动申请的特殊情形包括：无人驾驶航空器中继飞行、运载危险品或投放物品、飞越集会人群上空、在移动交通工具上操控、分布式操作或集群飞行。

除第三十一条另有规定外，组织无人驾驶航空器飞行活动的单位或者个人应当在拟飞行前1日12时前向空中交通管理机构提出飞行活动申请。空中交通管理机构应当在飞行前1日21时前做出批准或者不予批准的决定。按照国家空中交通管理机构的规定在固定空域内实施常态飞行活动的，可以提出长期飞行活动申请，经批准后实施，并应当在拟飞行前1日12时前将飞行计划报空中交通管理机构备案。

按照型别划分的无人机飞行活动申请及信息报送要求见表8-5。

表 8-5　无人驾驶航空器飞行活动申请及信息报送规定

型别	申请计划	飞行批准	起飞确认	识别信息报送
微型	在适飞空域内飞行无需申请飞行计划			飞行过程中应当广播式自动发送识别信息
轻型				
小型				
中型	组织飞行活动的单位或个人在拟飞行前1日12时前向空中交通管理机构提出飞行活动申请	空中交通管理机构在飞行前1日21时前做出批复	需在计划起飞1小时前经空中交通管理机构确认后起飞	按规定向监管服务平台报送识别信息；轻型、小型无人机飞行过程中应当广播式自动发送识别信息
大型				
农用	常规农用无人机作业飞行无需申请			

8.8　空域划设及飞行要求

8.8.1　管制空域和适飞空域

《暂行条例》规定了无人驾驶航空器管制空域及微型、轻型、小型无人驾驶航空器的适飞空域。同时规定，划设无人驾驶航空器飞行空域应当明确水平、垂直范围和使用时间。

管制空域的具体范围由各级空中交通管理机构按照国家空中交通管理领导机构的规定确定，由设区的市级以上人民政府公布，民用航空管理部门和承担相应职责的单位发布航行情报。按照国家空中交通管理领导机构的规定需要设置管制空域的地面警示标志的，设区的市级人民政府应当组织设置并加强日常巡查。

管制空域的范围应该是，真高 120 米以上空域，空中禁区、空中限制区以及周边空域，军用航空超低空飞行空域，以及下列区域上方的空域应当划设为管制空域：

机场以及周边一定范围的区域；国界线、实际控制线、边境线向我方一侧一定范围的区域；军事禁区、军事管理区、监管场所等涉密单位以及周边一定范围的区域；重要军工设施保护区域、核设施控制区域、易燃易爆等危险品的生产和仓储区域，以及可燃重要物资的大型仓储区域；发电厂、变电站、加油（气）站、供水厂、公共交通枢纽、航电枢纽、重大水利设施、港口、高速公路、铁路电气化线路等公共基础设施以及周边一定范围的区域和饮用水水源保护区；射电天文台、卫星测控（导航）站、航空无线电导航台、雷达站等需要电磁环境特殊保护的设施以及周边一定范围的区域；重要革命纪念地、重要不可移动文物以及周边一定范围的区域；国家空中交通管理领导机构规定的其他区域。

管制空域以外的空域是微轻小型民用无人机的适飞空域。

8.8.2　必须申请的飞行情况

《暂行条例》规定，未经空中交通管理机构批准，不得在管制空域内实施无人驾驶航空器飞行活动。本条例施行前生产的民用无人驾驶航空器不能按照国家有关规定自动向无人驾驶航空器一体化综合监管服务平台报送识别信息的，实施飞行活动应当依照本条例的规定向空中交通管理机构提出飞行活动申请，经批准后方可飞行。

即，无论何种型别的无人机不得在管制区域内飞行，管制区域内的飞行必须经过批准后才能实施。2024 年 1 月 1 日《暂行条例》正式实施后，之前生产的不能向国家综合监管服务平台报送动态信息的民用无人机，必须提出飞行和活动申请批准后方可飞行。

8.8.3　隔离与融合飞行要求

隔离飞行，是指无人驾驶航空器与有人驾驶航空器不同时在同一空域内的飞行。融合飞行，是指无人驾驶航空器与有人驾驶航空器同时在同一空域内的飞行。

《暂行条例》规定，无人机飞行与有人驾驶航空器隔离飞行为主要原则，在特定情况下经过批准可以融合飞行。

以下情况，经过批准可以进行融合飞行：警察、海关、应急管理部门辖有的无人驾驶航空器与本部门、本单位使用的有人驾驶航空器在同一空域或者同一机场区域的飞行；取得适航许可的大型无人驾驶航空器的飞行；取得适航许可的中型无人驾驶航空器不超过真高 300 米的飞行；小型无人驾驶航空器不超过真高 300 米的飞行；轻型无人驾驶航空器在适飞空域上方不超过真高 300 米的飞行。

微、轻型无人驾驶航空器在适飞空域内飞行，以及常规农用无人驾驶航空器作业飞行进行融合飞行无需空中交通管理机构批准，可以融合飞行。

8.8.4　飞行规范和避让规则

《暂行条例》规定，操控无人驾驶航空器实施飞行活动，应当遵守国家空中交通管理领导机构规定的飞行活动行为规范。相关规范包括携带证件，做好安全准备，掌握飞行动态，保持安全间隔，遵守限速、通信、导航规定等。

操控无人驾驶航空器实施飞行活动也应遵守避让规则，包括避让有人驾驶航空器、地面水面交通工具等规则。

全部飞行行为规范及避让规则详见附件第三十二和第三十三条。

8.8.5 应急处置及飞行安全管理

《暂行条例》对于无人驾驶航空器的飞行安全管理和应急处置做出了工作职责分配，面向四个主体。第一，空中交管机构、民航管理部门和县级以上公安机关需制定飞行安全管理应急预案并定期演练；第二，县级以上地方政府将无人机应急管理纳入突发事件应急管理体系，建立协同应急管理机制；第三，无人机系统设计者、生产者确保无人机具有紧急避让和降落等应急处置功能，避免或减轻事故发生时造成的生命财产损失；第四，使用无人机的单位和个人应制定应急处置预案落实措施消除安全隐患。

8.8.6 禁止行为

操控无人机，禁止实施违法拍摄军事设施、军工设施或者其他涉密场所；禁止扰乱机关、团体、企业、事业单位工作秩序或者公共场所秩序；禁止妨碍国家机关工作人员依法执行公务；禁止投放含有违反法律法规规定内容的宣传品或者其他物品；禁止危及公共设施、单位或者个人财产安全；禁止危及他人生命健康，非法采集信息，或者侵犯他人其他人身权益；禁止非法获取、泄露国家秘密，或者违法向境外提供数据信息；禁止法律法规禁止的其他行为。

8.8.7 其他规定和要求

无人机从事测绘活动应依法取得测绘资质证书后，方可从事测绘活动。

外国无人机或者由外国人员操控的无人机不得在我国境内实施测绘、电波参数测试等飞行活动。

模型航空器应当在空中交通管理机构为航空飞行营地划定的空域内飞行，但国家空中交通管理领导机构另有规定的除外。

任何单位或者个人不得非法拥有、使用无人驾驶航空器反制设备。

第 9 章
无人机产业前景与产业发展趋势

作为本书的最后一章，本章将从对《暂行条例》执行的思考出发，依次从不同角度介绍中国民用无人机在日益完善的管理体系下发展的现有优势与潜在挑战，最后简要概述了未来的民用无人机发展趋势以及对未来政府工作的思考与建议。

9.1 我国发展民用无人机的优势

9.1.1 政府出台无人机管理专项法规，促进和规范民用无人机产业发展

2023 年 4 月 7 日，国务院常务会议在审议《无人驾驶航空器飞行管理暂行条例》时强调，要全面贯彻落实总体国家安全观，统筹发展和安全，以实施《暂行条例》为契机，规范无人驾驶航空器飞行以及有关活动，积极促进相关产业持续健康发展，有力维护航空安全、公共安全、国家安全。坚持安全为本，着眼生产销售、组装改装、登记识别、人员资质、运行监控等全链条，加快完善监管体制机制，健全监管服务平台，提升监管服务能力，确保飞行活动安全有序。坚持创新驱动发展，大力推进关键核心技术攻关，加快构建自主可控、安全可靠的产业链和供应链，促进技术融合创新，丰富应用场景，完善产业生态，更好推动相关产业高质量发展。政府出台的民用无人机管理法规，是促进和规范民用无人机产业发展的重大利好。

9.1.2 具备国际领先的电子信息技术和无人机研发能力

伴随着我国科技经济实力的快速发展，尤其是东南沿海地区以深圳为代表的新兴城市着力打造电子信息产业，形成了完备的产业布局，在电子信息技术的产品应用领域达到了世界领先水平，加速提高了中小型无人机产业的自主研发能力。使得我国民用无人机技术和产品研发能力，特别是小型消费级娱乐类无人机生产能力在世界范围内遥遥领先。

我国是较早发展无人机产业的国家之一。20 世纪 60 年代开始，军用无人机研发工作依靠国内自己能力，积累了坚实的技术基础和经验，为后续发展奠定了基

础。目前我国的军用无人机研发能力和产品处于世界领先水平，并带动了民用无人机的发展，推动整个产业的进步与快速提升。

9.1.3　具备完善的航空产品配套体系，有自主适用的航空器及系统设计技术

中国是世界上少数几个拥有航空全产业链的国家之一，广泛参与了国际民机的生产制造，也是可与美国、俄罗斯、欧盟并称的世界航空四方主要力量之一。近年来，在民用航空领域，我国已经有约百架自主研制生产的 ARJ 新支线客机投入商用，国产 CR919 干线客机也完成了适航取证工作，正在进行投入运行前的试运行，即将在国内开始运营。

我国健全的工业基础，完善的航空产品配套体系，促成了无人机等新领域供应链体系的快速建立，推动了民用无人机产业的规模化。

9.1.4　完整的航空教学和人才培训体系，为无人机研发提供了人才支撑

经过几十年的发展，我国航空产业战略性的地位始终得到国家的高度重视，相应的人才培养战略相比产业发展更加持续，国内超过百所大专院校开设了航空专业，形成了完整的航空教学和人才培训体系，为无人机的快速发展提供了大量的人才支撑。

近年来，在经济战略调整的关键时期，产业结构调整和寻找经济新增长点的迫切需求，使得航空人才的培养越来越受到重视，越来越多的行业专家、高校教师都将无人机作为主要研究方向，并向产业进行科研转化。

9.1.5　市场需求大，有大量的领先使用场景积累和使用数据积累

国内经济发展持续保持高速增长，无人机市场需求不断加大，国内政府用（海关、警察、应急）无人机需求不断增加。工业级无人机能够完成应急救援、航空测量、农业喷洒、物流运输、交通管制、气象监测等功能，在降低成本的同时极大地提高了日常的工作效率。随着社会经济的发展，对民用无人机的需求会越来越多样化。

民用无人机在消费娱乐、各种监测检测、物流运输和农林作业等领域，已经基本形成产业。中国民航局自 2018 年开始公布民用无人机注册登记数据、飞行数据、驾驶员数据等。我国已经建立起民用无人机注册登记、驾驶员训练执照、无人机企业经营许可和动态飞行数据收集等制度，有了大量的领先场景积累和使用数据积累。这些数据积累，为我国开展民用无人机运行管理打下了坚实的基础。

9.1.6　新型民营高技术企业多、机制灵活，市场反应快

改革开放为国内民营企业的发展创造了积极的市场环境，几十年来的快速发展，出现了一大批优质民营企业，高端装备技术航空产业得到了越来越多的青睐。

当前，我国航空产业处于机遇期，国防军工产品需求旺盛，促使航空领域的创新创业不断激增，国家也适时出台了一系列政策，鼓励创新发展，尤其是对民营企业的放开，使得无人机领域的研发、生产、制造企业越来越多元化。在我国民用无人机生产企业中，新型民营企业占绝大多数，一方面是因为基于我国现有航空产业配套和人才众多的基础，无人机的技术要素、产业发展和管理要求相较有人驾驶航空器并不复杂，且未受到国外的限制。另一方面，多种场景的出现催发一系列民营企业投身无人机领域，以市场需求为导向，通过自身的灵活运行机制，能够快速的反应市场需求，占据市场份额。

9.1.7 "一带一路"倡议给中国民用无人机产品走向世界增加了机遇

2013 年秋，国家主席习近平提出了"一带一路"倡议。这对于中国的开放发展而言，其重点就从一直以来十分强调的"引进来"，发展到了将"引进来"和"走出去"密切相结合的新阶段，使中国更加深入地融入世界，与世界各国一道，共建"一带一路"，促进共同繁荣，推动构建人类命运共同体。无人机作为航空领域的新赛道，在产业输出和带动的方面都迎来了新的增长点。中国是无人机生产大国，无人机监察检测、物流运输、农林喷洒作业已经基本形成产业，特别培育出了一些能够涵盖研制生产、运营作业、运行动态数据收集、人员资质培训的全产业链"超强企业"，如大疆、极飞等公司。这些企业都具备了生产、运营、监管、资质培训能力，因此拥有快速向国外市场输出的优势，将在未来的全球市场中占据有利位置。

9.2 中国发展民用无人机的主要挑战

9.2.1 民用无人机管理法规标准制定滞后于无人机技术和产品发展

民用无人机是航空领域的创新应用，随着新技术和产品的出现，爆发式增长的民用无人机数量使得国家管理部门措手不及。现有成熟的有人驾驶航空器的运行管理法规标准和基础设施，无法适应数量巨大、品种众多、型别差距巨大的无人机。这个难题也是世界范围的难题。《无人驾驶航空器飞行管理暂行条例》即将实施，但其生效实施需要一系列配套的规章和标准支撑。同时无人机的发展仍在不断创新应用场景。如载人无人机和自主飞行无人机若投入商用运行，仍需要继续完善现有政府管理的法规和标准。

9.2.2 低空空域使用及服务保障无法满足产业发展的需求

民用无人机大部分在低空空域运行。但目前我国低空空域管理能力与水平尚不能满足发展需求。按照我国现有的法律法规，民航管理航路、航线和机场终端区飞行空域，除此之外的空域主要由军航管理，是分区域、军民航分别管理的空域管理体制。由于现行法规确定的空域管理以独立空域划分的隔离运行为主要原则，使得空域资源使用不畅。

2010 年，国务院、中央军委发布《关于深化我国低空空域管理改革的意见》，目前改革仍在进行。多年来，低空空域管理改革取得了一定实效，使飞行环境向好发展，然而低空空域资源仍未能得到充分开发和有效利用，不能满足发展需求。

通用航空是我国鼓励发展的产业，近年来，中央政府与省市政府出台了一系列针对性政策，积极促进和鼓励通用航空产业发展，但效果远不如预期。2016 年，国务院办公厅印发的《关于促进通用航空业发展的指导意见》确定的发展目标是：到 2020 年，建成 500 个以上通用机场，通用航空器达到 5000 架以上，年飞行量 200 万小时以上。然而，统计数据却显示，截至 2020 年底，我国拥有通用机场 339 个，达到规划目标的 67.8%；通用航空器 2892 架，达到规划目标的57.84%；通用航空年飞行量是 99.4 万飞行小时（2019 年为 106.5 万飞行小时），达到规划目标的 49.1%。三项主要指标与规划发展目标差距较大，究其原因是空域的使用限制。

9.2.3　用于民用无人机运行监管的新型组织体系有待建立

政府对行业的监管，必须要有监管的基础设施和监管人员，还要有监管设施的使用规则和标准，更要有对监管人员的培训和认证。对民用无人机来讲，其飞行运行主要在低空空域，目前我国对低空空域的监管设施和监管人员严重不足。

我国现有法律规定，民航管理航路、航线、机场进近区和塔台周边区，其余空域主要由空军管理，是一种军民分别管理不同区域的管理体制。同时，军民用于管理的法规标准也不尽相同。由于无人机运行一般不在民航管理的区域，就需要监管的组织要协调适应军民不同的管理方式。

传统航班飞机主要在高空飞行，其运行监管体系是由民航和所属地区监管局负责管理，县级以上地方政府不参与民航航班运行管理。《暂行条例》创新性地确定了县级以上地方政府在民用无人机管理中的责任，使得地方政府必须建立起新的军民融合的管理组织体系，以实施对民用无人机运行的日常监管。

9.2.4　大中型无人机产品性能和售后服务与支援能力有待提升

无人机制造属于多学科交叉、技术密集的高科技领域，涉及航空装备、电子信息、5G 通信、人工智能以及大数据等多个领域，随着工业级无人机产业规模的逐渐壮大，产业链生态的问题也逐渐显露。虽然无人机与有人驾驶航空器相比，各项要素的要求相对较少，受到国外的限制要求也少，但随着产业的发展及应用场景的增加，我国产业体系优势尚未得到充分释放，基于已有航空工业基础的技术生产环境已经不能快速适应无人机的多批次小批量产业发展特性，导致传感器、电子元器件、航空机载设备、地面设备、人工智能、大数据等产业主体积极性无法得到充分调动，最终导致了整机产品集成成本高、任务载荷研制滞后、产品安全运行能力不足等问题。

民用无人机是新兴产业，大量的民用无人机研发企业是新兴企业。大型民用无人机生产企业需要对产品售后运行阶段提供支援，新兴企业往往对航空产品运行支援的保障明显不足。

此外，我国民用无人机领域优质企业梯度培育格局还未形成，自主创新能力尚待加强，基础零部件、基础电子元器件、基础材料发展滞后，多旋翼无人机产品同质化现象突出。同时，民用大型无人机的动力系统国内依然不能自主配套，仍在采购国外产品。

9.2.5 民用无人机领域社会组织的能力和行业服务水平有待提升

在民用无人机领域，已经形成了各种协会、联盟等社会组织，几乎每个省市都有无人机协会，同时也形成了一些在国际国内有影响力的法人社团组织。但是大部分社会组织的科技咨询服务效率、技术评价能力、工作效能有待提高。当前的民用无人机国际化组织虽然能快速建立起世界范围的网络，但组织协调能力和规则制定能力有待加强。

9.3 民用无人机产业未来发展趋势

《暂行条例》的颁布对我国无人机产业发展将起到极大的促进作用。受益于民用无人机行业相关的规范加速建立健全，未来民用无人机产业将会呈现良好的发展趋势。鉴于新标准的实施，可能对现有无人机产业体系产生冲击，相关市场可能会迎来新一轮调整。

9.3.1 消费级娱乐类

消费级娱乐类无人机增速将继续放缓，产品一家独大的状况短期内不会明显改变。

消费级娱乐类无人机作为普通用户的体验产品，已经在社会上形成了自己的产品发展模式，但需求场景的单一和产品性能的限制，使得消费级娱乐类无人机的产品规模天花板十分明显，增速将持续放缓。

一些新场景的出现和新配套产品的推出能够带动一些更新换代或新的用户出现，但对无人机的平台要求将更加具象，消费级娱乐类无人机将向小型化、精品化发展。消费级娱乐类无人机产品已相对成熟，消费者的使用习惯已经养成，已经形成的一家独大格局短期内不会发生显著改变。

9.3.2　工业级商用类

工业级商用类无人机需求规模将持续扩大，其产品研发周期将加长。

从应用场景来看，工业级商用类无人机应用前景广阔，需求规模将持续扩大，也会有更加细分的场景需求。随着我国应急救援力量的全面整合建设，民用无人机应急救援市场发展迎来机遇，无人机在应急救援中可以执行侦察、勘测、指挥调度、通讯中继、应急照明、消防灭火、输送抛投、搜寻救援等任务，可发挥重要作用，同时农业、电力、测绘、快递物流等应用场景发展潜力巨大，无人机物流快递应用的商业化应用将更快走向现实。

从应用场景来看，航时长、载重比大、可靠性高、环境适应性好、经济性好，是工业级商用类无人机的重要需求，而这与传统小型航空器的需要相比已经极为接近或相同，其产品研发生产和安全认证周期将加长，新产品推出的速度会明显减慢。

9.3.3　载人级运营类

载人级运营类无人机由于运行规则和监管法律法规不完善，短期内难以大规模投入商用。

载人级运营类无人机是当前航空领域世界范围的投资热点，但由于涉及载人运行安全问题，按照法律法规要求，民航当局要对其进行适航安全认证和环境适应性认证，使其必须满足持续地安全运行。同时作为民用航空产品必须有良好的经济性，否则即便投入市场，也将被市场淘汰。为了满足安全要求，同时具备良好的经济性，产品的研发认证周期将会更长。

载人的无人驾驶航空器，是一种创新性的前所未有的新型航空器。其投入市场进行商业运营，首先要有运行的基础设施和运行法规标准，其次要有监管的基础设施和法规标准，还要有人员资质的培训与认证。目前在世界范围内载人的无人驾驶航空器都处在研发和验证阶段，尚未投入商用运营，探其原因，主要是投入商用必须的运行和监管的政策法规标准欠缺。

随着技术进步、商业模式创新，无人机终将融入天空交通网络，纳入民航运输体系，但不会像我们想象的那么快，有可能该类产品会在军事和国防领域率先使用。

9.3.4　航空器研发与制造企业

传统航空器研发与制造企业发展大型商用和载人无人机更有优势。

大型商用和载人运营的无人机的使用环境与有人驾驶航空器基本相同，使得安全性要求远大于中小型无人机，特别是载人运行无人驾驶航空器，其安全要求应等同于有人驾驶航空器的水平，需要研发企业完成民航当局要求的证明安全性的设计和试验验证。

这要求研发企业具备技术储备和创新能力，以及研制所需的保障条件和试验设备。传统航空制造企业在这方面有几十年的积累，相对来说，在高端无人机产品的开发生产领域，这些企业具备的发展优势更加明显，未来会成为大型民用无人机研发生产的重要力量。

9.3.5 培训与保险

无人机的驾驶员培训、维修维护人员培训、监管人员的培训等需求不断加大。

航空产品运行涉及产品安全、运行安全和公共安全，按照条例要求，操控小型、中型、大型民用无人机人员应当经培训并考试合格后取得相应操控员执照，农用无人机的操控员应经过培训，并经考试合格后取得操作证书。

随着民用无人机应用场景的不断开发和市场规模的持续扩大，除了生产制造外，操作、维修和监管人员的需求旺盛，使得无人机的培训需求增加，促进了相关培训领域发展，有关民用无人机的培训教育也会成为民用无人机领域的一个热点。

随着《暂行条例》明确规定了使用无人机进行非经营性与经营性的保险要求，无人机领域的投保将更加规范有序。

9.3.6 行业协会

行业协会等社会组织将在无人机行业管理中发挥重要作用。

《暂行条例》中规定了无人机有关行业协会应该通过制定、实施团体标准等方式加强行业自律，宣传无人机管理法规及有关知识，增强有关单位和人员依法开展无人机飞行活动的意识。

随着民用无人机产业的发展，参与企业数量不断增加，需要有代表行业共同利益的社会组织，作为政府与企业之间的桥梁，向政府传达企业的共同要求，同时协助政府制定和实施行业发展规划、产业政策、行政法规和有关法律，制定各类标准，并监督和维护行业信誉。同时，这些行业服务组织，应对本行业的基本情况进行统计、分析并发布结果，开展针对行业发展情况的基础调查，研究本行业面临的问题，提出建议、出版刊物，供企业和政府参考，开展信息服务、教育与培训服务、咨询服务、举办展览、组织会议等。

随着行业的发展，必然将有更多的社会组织参与到行业发展当中，并参与到无人机管理领域的工作当中。

9.3.7 技术应用和场景拓展

无人机的技术应用和场景拓展持续推进。

随着民用无人机性能的提升，新技术的应用让更多的功能集成在无人机系统中，包括人工智能、物联网、先进传感器等多种新技术将更多地被应用于民用无人机系统。同时，新功能与性能为无人机带来的应用场景将持续拓展，其运行范围及领域也将不断扩大，包括自主飞行、水下飞行等多种新应用场景将相继涌现。自2020 年起，民航局发布工作指引，开展建设无人驾驶航空试验基地，目前已经公布的试验区覆盖多种场景，但非常遗憾目前尚未包括高原应用场景。鉴于我国存在大面积的高原环境，无人机在高原等地区的应用将在未来成为有很大发展潜力的领域。

9.3.8　国际化发展

我国疆域辽阔，多样的地理和自然环境为民用无人机带来了诸多潜在应用场景，且我国现有的民用无人机产业规模与无人机数量均为产品应用积攒了大量行业经验。在全球化与"一带一路"的背景下，不同国家在诸多行业与领域密切合作，为我国的民用无人机产业走向世界提供了良好的环境。此外，鉴于我国拥有众多的涉及无人机的国际通用标准，我国的无人机相关产品、应用领域和运行模式将在推广到全世界时面临较小的阻力。国内民用无人机应用领域及运行模式将会不断推广到世界。

9.4　无人机产业发展的建议

随着《暂行条例》的出台和施行，无人机的产业发展将更加规范、有序，其应用领域也将不断拓展，在国民经济和社会发展中发挥越来越重要的作用。不过，条例的实施仍需要政府部门继续制定出台各项政策和措施，创新组建新的管理组织体系并继续完善国家航空法规体系。

9.4.1　有关《暂行条例》贯彻落实的建议

1. 配套规章、细则和标准还需完善补充

《暂行条例》确立了无人机全链条的安全管理制度，明确了管理体制、管理对象和管理内容，确定了各部门的管理权责，但要真正落实落地，离不开配套规章、细则、标准等更为具体、操作性更强的规则做支撑。

首先，《暂行条例》对特殊类别的无人机，如警察、海关、应急部门国家用无人机，自备动力飞行玩具，航空模型，明确了需要另行制定管理规则；对无人机的反制设备：配备、设置、使用，以及授权管理办法，也要由工业与信息化、公安、国家安全、市场监管等部门会同有关部门、军事机关制定。这些都是与无人机使用和管理密切相关的重要规则，都需要尽快出台，以使《暂行条例》全方位顺利实施。

其次，作为《暂行条例》实施最重要的配套规章，中国民航局《民用无人驾驶航空器运行安全管理规则（征求意见稿）》（CCAR—92 部）已经于 2023 年 8 月 2 日公布，公开征求公众意见。CCAR—92 部规章，分为总则、操控员安全操控要求、登记管理、适航管理、空中交通管理、运行与经营管理、法律责任、附则等 8 章。

为及时衔接无人机管理制度安排，确保管理链条上与民航相关的各节点"落地"和"闭环"，已经做好了落实准备。此外，CCAR—92 部规章实施，也需要制定配套标准，都需要尽快制定、逐步完善。

工信部有关微轻小型无人机制造管理的规定和公安部有关执法具体办法等，都是执行《暂行条例》需要的重要配套规则，都需要尽快出台，以配合《暂行条例》顺利实施。

2. 一体化综合监管服务平台必须加紧建设

《暂行条例》规定，国家空中交通管理领导机构统筹建设无人驾驶航空器一体化综合监管服务平台，对全国无人驾驶航空器实施动态监管与服务。

综合监管服务平台是管理方实现协同监管，用户实现一站式合规使用的基础，也是空域管理的创新之举，提供了更加高效、科学和经济的解决方案。综合监管服务平台对无人机进行全方位多环节信息处理，是规范统一管理的有力载体，是创新协同监管的重要组成部分。

在《暂行条例》颁布前，各地方政府已经出台了相关无人机监管的地方性法规、政府规章、规范性文件以及政策，同时建立了综合监管实验平台，积累了良好的实践经验。民航局也批准了十几个云平台接收无人机报送的信息。为了让这些已经在运行的系统与国家建立的综合监管服务平台衔接，具体的办法和细则应当尽快出台。

此外，各省市地方政府为了做好通用航空产业服务，也陆续出台了一些地方性的法律法规和管理办法，同时建立起了专门用于通用航空运行监管的服务平台。这些平台与综合监管服务平台如何统筹使用资源，也需要尽早筹划、综合考虑，并出台指导性政策，以使国家的管理资源得到高效充分地使用。

3. 多部门协同监管的具体办法还需明确

《暂行条例》规定，无人机飞行管理工作应当坚持和加强党的领导，坚持总体国家安全观，坚持安全第一、服务发展、分类管理、协同监管的原则。

协同监管涉及军航、民航、公安、地方政府、空中及交通管理机构等不同管理部门。《暂行条例》明确了各部门的管理责任，但这些部门要协同工作，联合组建监管队伍，并在其监管范围内执行监管责任，将是一项艰巨的任务。特别是无人机管制空域的划分和适飞空域的日常监管，联合监管和执法都需要具体的协同规则与办法，要有清晰明确的执行细则。

9.4.2　关于管理组织体系创建的建议

1. 空域管理增加地方组织体系

我国的中央空中交通管理委员会，设在中央政府。这种国家管理体制，对于现有的不足 8000 架传统有人驾驶航空器的运行和管理行之有效。但是对于新增的百万数量级无人机的管理应该有所创新。国家空中交通管理委员会，可考虑在各省

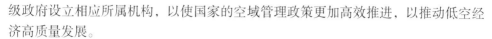

级政府设立相应所属机构，以使国家的空域管理政策更加高效推进，以推动低空经济高质量发展。

2. 公安执法专职队伍建设

公安系统既用无人机执法，也负责无人机违规处罚，可考虑成立专门队伍执行任务。公安系统需要有一套警用无人机管理和执法体系，也要承担起对民用无人机安全监管和违法处置的责任。公安系统的工作相对复杂，而且无人机的监管要在综合监管服务平台上共享和互通数据，应该建设专职队伍开展日常工作。

3. 地方政府军民融合

《暂行条例》规定了县级以上地方人民政府及其有关部门按照职责分工负责本行政区域内无人驾驶航空器有关管理工作。各级空中交通管理机构按照职责分工负责本责任区内无人驾驶航空器飞行管理工作。同时《暂行条例》也明确，空中交通管理机构是指军队和民用航空管理部门内负责有关责任区空中交通管理的机构。

实际上，空域的管理是军队和民航划分区域分别管理。在我国通用航空的管理实践和国家低空空域管理改革的进程中军民融合进行低空空域管理对资源的利用起到了积极的促进作用。由此可见，各地方政府应该有常设军民融合机构，对于民用无人机实施大范围、大面积、大数量监管。

9.4.3　完善国家航空法规体系的建议

1. 制定航空法取代现有民用航空法

《中华人民共和国民用航空法》（以下简称《民用航空法》）是我国非常重要的一部法律，是我国航空业管理顶层法规。2013 年，我国在领空外设立的"东海的防空识别区"的法律依据就是《国防法》《民用航空法》《飞行基本规则》。航空器具有世界范围内活动的特点，在规范国内航空活动的同时，也必须适应国际民航组织的规则。《民用航空法》适用范围有限，只能规范民用航空活动，未能规范军事、警察、海关、应急等国家航空活动。《民用航空法》在名称上进行了自我限定，不利于统筹管理，应以《民用航空法》为基础，开展中华人民共和国航空法的制定工作。

2. 制定国家低空空域管理的专项法规

低空空域是国家重要战略资源，是通用航空活动的主要区域，蕴藏着极大的经济、国防和社会价值，由于现行法规确定的空域管理以独立空域划分的隔离运行为主要原则，空域资源管理没有得到最大使用效果。运输航空与通用航空，特别是大量涌现的民用无人机运行，其飞行高度分布特点鲜明，飞行特征不同，需要制定专门针对低空空域飞行规则的专项法规，加快提升国家交通管理水平，使得空域资源得到最大化释放。

3. 加快已有法规的更新

随着我国民用航空业发展，通用航空已是国家重点发展的战略性新兴产业，市场需求大，亟待发展。然而，我国通用航空长期发展缓慢。2003 年 1 月 10 日，国务院、中央军事委员会联合颁布《通用航空飞行管制条例》(国务院、中央军委第 371 号令)，是我国颁布的第一部有关通用航空方面的飞行管理条例，已经颁布 20 年，尚未修订。随着技术的发展和社会的进步，通用航空已呈现多元化发展，突破了传统航空器的概念，电动垂直起降飞机等已经进入到产品验证阶段，无人驾驶航空器已经大量进入市场，已在物流运输、农林植保、检测测绘等领域基本形成产业。因此，考虑到新技术和产品的涌现，为新兴产业适配新管理模式急需修订规范，并且应尽快修订相关法规。

《民用航空器适航管理条例》是 1987 年颁布实施的行政法规。现今民用航空器的规模、数量和种类都在不断变化，而且随着技术的发展进步，对民用航空器的管理方式和手段也在不断地更新，需要尽快更新完善，使得国家对民用航空器运行的监管更加规范。

4. 制定低空空域使用专项法规，将低空改革成果纳入法规体系

低空空域是国家重要战略资源，是民用无人机和通用航空活动的主要区域，蕴藏着极大的经济、国防和社会价值。我国现行空域管理体制是以独立空域划分的隔离运行为主要原则。民航空管负责航路及航线、民用机场进近管制区内的进离场航线以及获得批复的可引导区域、终端管制区和塔台管制范围。民航空管管制范围以外的空域主要由空军负责。军民分别负责不同区域的管理责任。这种管理模式，虽然对于在高空运行的民航航班规范高效，但不能适应主要在低空空域飞行的民用无人机和通用飞机管理，空域资源使用受到限制。快速发展的民用无人机产业，迫切需要低空空域资源的开放。

民用无人机、通用航空与运输航空，其飞行高度分布特点鲜明，飞行特征不同，应制定低空空域管理的专项法规，加快提升国家空中交通管理水平，促进民用无人机和通用航空产业健康快速发展。

我国的低空空域改革试点已经进行多年，江西、湖南等省在低空空域管理改革试点工作中实现了军队、地方政府、民航管理部门三方联合的有效机制，应总结推广试点省市的经验，将试点成果纳入法规，为民用无人机产业和通用航空产业的健康、有序发展提供法律支持。

9.4.4 其他建议

1. 多部门协同制定、实施相关政策，切实贯彻《暂行条例》

民用无人机是空域使用的新用户，传统的有人驾驶的监管机制和技术手段都无法应对大量出现的民用无人机监管。应早规划安排用于民用无人机监管的新方法、新技术的研究，贯彻实施《暂行条例》。

民用无人机的发展涉及多个政府管理部门，应加强多部门政策制定和实施的协

同，加速国家法律政府法规和部门规章出台，以及技术标准推出。

无人机管理政策的实施需要多方多部门合作推动，未来应在不同地区设立由民航主管部门、军方空域管理机构以及地方政府三方联合设立的联合办公机构，合作实施对民用无人机的监管。

2. 重视数字基建，加快低空运行和监管基础设施建设

民用无人机的安全运行需要有运行区域的三维高清地图、通讯导航等公共和专用基础设施，也需要实时的气象数据等飞行保障服务。目前在我国深圳等地开展的城市无人机快递和物品运输的试运行场景是由负责运行的企业各自建设保障。政府应提供统一的低空飞行服务保障，统一建设低空运行和管理数字基础设施，让众多的民用无人机在由政府提供的统一的数字基础设施支持下运行，这样不仅可以避免重复投资，也有利于建立统一的行业标准体系。

《暂行条例》规定：国家建立无人驾驶航空器综合监管服务平台，对无人驾驶航空器实施一体化的动态监管与服务。空中交通管理机构、民用航空、公安、工业和信息化等部门按照职责分工采集无人驾驶航空器生产、登记、使用的有关信息，依托无人驾驶航空器综合监管服务平台共享，并采取相应措施保障民用无人机安全有序运行。

目前，国家无人驾驶航空器综合监管服务平台正在建设中，尚未投入使用。应加紧建设，并制定使用管理细则，使得政府监管方和运行使用方都可以通过平台获得相关共享和服务。

3. 支持鼓励科研创新，充分发挥已有能力避免重复建设

《暂行条例》规定：国家鼓励无人驾驶航空器科学技术研究和应用。县级以上人民政府及其有关部门应当为无人驾驶航空器科研创新提供支持。

各地方政府可以因地施策，为本地区的民营无人机企业提供科研创新支持，以此引导民用无人机研发和生产企业提升技术能力和产品开发能力，同时加大支持科研院所和企业的合作与技术创新。

发展研制大型无人机及载人级无人机，为满足运行安全的要求，需要进行大量的技术验证和产品试验验证，如结构强度试验、电磁兼容试验等。大部分民营企业不具备试验验证的条件能力设施，政府可以引导企业，并充分发挥国家现有航空工业产品研制试验验证基础设施的作用，实现资源共享，避免重复建设。

4. 加强民用无人机标准建设，鼓励国家标准国际化发展

民用无人机产业发展，标准化发挥着重要作用。应加强民用无人机的标准建设工作，并采取措施鼓励国家标准国际化发展。

实际上，标准已成为国际产业竞争制高点。标准之争被经济学家称作"赢者通吃"。谁把住了标准，往往就把住了产业，把住了市场竞争主动权。

得益于我国民用无人机在世界范围内的领先快速增长，我国在民用无人机国际

标准领域占据了有利的位置，成为我国在国际标准领域内为数不多的具有话语权的领域，起到了主导和影响产业及技术发展的作用。

5. 重视对社会公众民用无人机的守法安全使用和科普教育

在当今社会，民用无人机应用日益增多，受到了社会各界广泛关注。民用无人机在工业、农业、应急救援等领域当中都发挥了独到的作用，展现出特有的价值，社会大众对无人机的兴趣也日益高涨。与此同时，无人机的违规飞行也成为社会公众安全隐患之一。为此，加强民用无人机使用者守法安全意识、开展科普教育十分必要。

政府应支持和引导各种社会组织，开展无人机科普和宣传教育工作，提高社会大众对无人机的科学认知，同时激发青少年对无人机的学习和研究兴趣，为我国无人机事业的未来发展积蓄力量。

随着《无人驾驶航空器飞行管理暂行条例》的出台和施行，民用无人机产业的发展将更加规范、有序，其应用领域也将不断拓展，民用无人机将在国民经济和社会发展中发挥越来越重要的作用，中国的民用无人机在世界范围内的影响力将不断提升。

无人驾驶航空器飞行管理暂行条例

第一章 总则

第一条 为了规范无人驾驶航空器飞行以及有关活动，促进无人驾驶航空器产业健康有序发展，维护航空安全、公共安全、国家安全，制定本条例。

第二条 在中华人民共和国境内从事无人驾驶航空器飞行以及有关活动，应当遵守本条例。

本条例所称无人驾驶航空器，是指没有机载驾驶员、自备动力系统的航空器。

无人驾驶航空器按照性能指标分为微型、轻型、小型、中型和大型。

第三条 无人驾驶航空器飞行管理工作应当坚持和加强党的领导，坚持总体国家安全观，坚持安全第一、服务发展、分类管理、协同监管的原则。

第四条 国家空中交通管理领导机构统一领导全国无人驾驶航空器飞行管理工作，组织协调解决无人驾驶航空器管理工作中的重大问题。

国务院民用航空、公安、工业和信息化、市场监督管理等部门按照职责分工负责全国无人驾驶航空器有关管理工作。

县级以上地方人民政府及其有关部门按照职责分工负责本行政区域内的无人驾驶航空器有关管理工作。

各级空中交通管理机构按照职责分工负责本责任区内无人驾驶航空器飞行管理工作。

第五条 国家鼓励无人驾驶航空器科研创新及其成果的推广应用，促进无人驾驶航空器与大数据、人工智能等新技术融合创新。

县级以上人民政府及其有关部门应当为无人驾驶航空器科研创新及其成果的推广应用提供支持。

国家在确保安全的前提下积极创新空域供给和使用机制，完善无人驾驶航空器飞行配套基础设施和服务体系。

第六条 无人驾驶航空器有关行业协会应当通过制定、实施团体标准等方式加强行业自律，宣传无人驾驶航空器管理法律法规及有关知识，增强有关单位和人员依法开展无人驾驶航空器飞行以及有关活动的意识。

第二章　民用无人驾驶航空器及操控员管理

第七条　国务院标准化行政主管部门和国务院其他有关部门按照职责分工组织制定民用无人驾驶航空器系统的设计、生产和使用的国家标准、行业标准。

第八条　从事中型、大型民用无人驾驶航空器系统的设计、生产、进口、飞行和维修活动，应当依法向国务院民用航空主管部门申请取得适航许可。

从事微型、轻型、小型民用无人驾驶航空器系统的设计、生产、进口、飞行、维修以及组装、拼装活动，无需取得适航许可，但相关产品应当符合产品质量法律法规的有关规定以及有关强制性国家标准。

从事民用无人驾驶航空器系统的设计、生产、使用活动，应当符合国家有关实名登记激活、飞行区域限制、应急处置、网络信息安全等规定，并采取有效措施减少大气污染物和噪音排放。

第九条　民用无人驾驶航空器系统生产者应当按照国务院工业和信息化主管部门的规定为其生产的无人驾驶航空器设置唯一产品识别码。

微型、轻型、小型民用无人驾驶航空器系统的生产者应当在无人驾驶航空器机体标注产品类型以及唯一产品识别码等信息，在产品外包装显著位置标明守法运行要求和风险警示。

第十条　民用无人驾驶航空器所有者应当依法进行实名登记，具体办法由国务院民用航空主管部门会同有关部门制定。

涉及境外飞行的民用无人驾驶航空器，应当依法进行国籍登记。

第十一条　使用除微型以外的民用无人驾驶航空器从事飞行活动的单位应当具备下列条件，并向国务院民用航空管理部门或者地区民用航空管理机构（以下统称民用航空管理部门）申请取得民用无人驾驶航空器运营合格证（以下简称运营合格证）：

（一）有实施安全运营所需的管理机构、管理人员和符合本条例规定的操控人员；

（二）有符合安全运营要求的无人驾驶航空器及相关设施、设备；

（三）有实施安全运营所需的管理制度和操作规程，保证持续具备按照制度和规程实施安全运营的能力；

（四）从事经营性活动的单位，还应当为营利法人。

民用航空管理部门收到申请后，应当进行运营安全评估，根据评估结果依法做出许可或者不予许可的决定。予以许可的，颁发运营合格证；不予许可的，书面通知申请人并说明理由。

使用最大起飞重量不超过 150 千克的农用无人驾驶航空器在农林牧渔区域上方的适飞空域内从事农林牧渔作业飞行活动（以下称常规农用无人驾驶航空器作业飞行活动），无需取得运营合格证。

取得运营合格证后从事经营性通用航空飞行活动，以及从事常规农用无人驾驶航空器作业飞行活动，无需取得通用航空经营许可证和运行合格证。

第十二条　使用民用无人驾驶航空器从事经营性飞行活动，以及使用小型、中型、大型民用无人驾驶航空器从事非经营性飞行活动，应当依法投保责任保险。

第十三条　微型、轻型、小型民用无人驾驶航空器系统投放市场后，发现存在缺陷的，其生产者、进口商应当停止生产、销售，召回缺陷产品，并通知有关经营者、使用者停止销售、使用。生产者、进口商未依法实施召回的，由国务院市场监督管理部门依法责令召回。

中型、大型民用无人驾驶航空器系统不能持续处于适航状态的，由国务院民用航空主管部门依照有关适航管理的规定处理。

第十四条　对已取得适航许可的民用无人驾驶航空器系统进行重大设计更改并拟将其用于飞行活动的，应当重新申请取得适航许可。

对微型、轻型、小型民用无人驾驶航空器系统进行改装的，应当符合有关强制性国家标准。民用无人驾驶航空器系统的空域保持能力、可靠被监视能力、速度或者高度等出厂性能以及参数发生改变的，其所有者应当及时在无人驾驶航空器一体化综合监管服务平台更新性能、参数信息。

改装民用无人驾驶航空器的，应当遵守改装后所属类别的管理规定。

第十五条　生产、维修、使用民用无人驾驶航空器系统，应当遵守无线电管理法律法规以及国家有关规定。但是，民用无人驾驶航空器系统使用国家无线电管理机构确定的特定无线电频率，且有关无线电发射设备取得无线电发射设备型号核准的，无需取得无线电频率使用许可和无线电台执照。

第十六条　操控小型、中型、大型民用无人驾驶航空器飞行的人员应当具备下列条件，并向国务院民用航空主管部门申请取得相应民用无人驾驶航空器操控员（以下简称操控员）执照：

（一）具备完全民事行为能力；

（二）接受安全操控培训，并经民用航空管理部门考核合格；

（三）无可能影响民用无人驾驶航空器操控行为的疾病病史，无吸毒行为记录；

（四）近 5 年内无因危害国家安全、公共安全或者侵犯公民人身权利、扰乱公共秩序的故意犯罪受到刑事处罚的记录。

从事常规农用无人驾驶航空器作业飞行活动的人员无需取得操控员执照，但应当由农用无人驾驶航空器系统生产者按照国务院民用航空、农业农村主管部门规定的内容进行培训和考核，合格后取得操作证书。

第十七条 操控微型、轻型民用无人驾驶航空器飞行的人员，无需取得操控员执照，但应当熟练掌握有关机型操作方法，了解风险警示信息和有关管理制度。

无民事行为能力人只能操控微型民用无人驾驶航空器飞行，限制民事行为能力人只能操控微型、轻型民用无人驾驶航空器飞行。无民事行为能力人操控微型民用无人驾驶航空器飞行或者限制民事行为能力人操控轻型民用无人驾驶航空器飞行，应当由符合前款规定条件的完全民事行为能力人现场指导。

操控轻型民用无人驾驶航空器在无人驾驶航空器管制空域内飞行的人员，应当具有完全民事行为能力，并按照国务院民用航空主管部门的规定经培训合格。

第三章　空域和飞行活动管理

第十八条 划设无人驾驶航空器飞行空域应当遵循统筹配置、安全高效原则，以隔离飞行为主，兼顾融合飞行需求，充分考虑飞行安全和公众利益。

划设无人驾驶航空器飞行空域应当明确水平、垂直范围和使用时间。

空中交通管理机构应当为无人驾驶航空器执行军事、警察、海关、应急管理飞行任务优先划设空域。

第十九条 国家根据需要划设无人驾驶航空器管制空域（以下简称管制空域）。

真高120米以上空域，空中禁区、空中限制区以及周边空域，军用航空超低空飞行空域，以及下列区域上方的空域应当划设为管制空域：

（一）机场及周边一定范围的区域；

（二）国界线、实际控制线、边境线向我方一侧一定范围的区域；

（三）军事禁区、军事管理区、监管场所等涉密单位以及周边一定范围的区域；

（四）重要军工设施保护区域、核设施控制区域、易燃易爆等危险品的生产和仓储区域，以及可燃重要物资的大型仓储区域；

（五）发电厂、变电站、加油（气）站、供水厂、公共交通枢纽、航电枢纽、重大水利设施、港口、高速公路、铁路电气化线路等公共基础设施以及周边一定范围的区域和饮用水水源保护区；

（六）射电天文台、卫星测控（导航）站、航空无线电导航台、雷达站等需要电磁环境特殊保护的设施以及周边一定范围的区域；

（七）重要革命纪念地、重要不可移动文物以及周边一定范围的区域；

（八）国家空中交通管理领导机构规定的其他区域。

管制空域的具体范围由各级空中交通管理机构按照国家空中交通管理领导机构的规定确定，由设区的市级以上人民政府公布，民用航空管理部门和承担相应职责的单位发布航行情报。

未经空中交通管理机构批准，不得在管制空域内实施无人驾驶航空器飞行活动。

管制空域范围以外的空域为微型、轻型、小型无人驾驶航空器的适飞空域（以下简称适飞空域）。

第二十条　遇有特殊情况，可以临时增加管制空域，由空中交通管理机构按照国家有关规定确定有关空域的水平、垂直范围和使用时间：

保障国家重大活动以及其他大型活动的，在临时增加的管制空域生效24小时前，由设区的市级以上地方人民政府发布公告，民用航空管理部门和承担相应职责的单位发布航行情报。

保障执行军事任务或者反恐维稳、抢险救灾、医疗救护等其他紧急任务的，在临时增加的管制空域生效30分钟前，由设区的市级以上地方人民政府发布紧急公告，民用航空管理部门和承担相应职责的单位发布航行情报。

第二十一条　按照国家空中交通管理领导机构的规定需要设置管制空域的地面警示标志的，设区的市级人民政府应当组织设置并加强日常巡查。

第二十二条　无人驾驶航空器通常应当与有人驾驶航空器隔离飞行。

属于下列情形之一的，经空中交通管理机构批准，可以进行融合飞行：

（一）根据任务或者飞行课目需要，警察、海关、应急管理部门辖有的无人驾驶航空器与本部门、本单位使用的有人驾驶航空器在同一空域或者同一机场区域的飞行；

（二）取得适航许可的大型无人驾驶航空器的飞行；

（三）取得适航许可的中型无人驾驶航空器不超过真高300米的飞行；

（四）小型无人驾驶航空器不超过真高300米的飞行；

（五）轻型无人驾驶航空器在适飞空域上方不超过真高300米的飞行。

属于下列情形之一的，进行融合飞行无需经空中交通管理机构批准：

（一）微型、轻型无人驾驶航空器在适飞空域内的飞行；

（二）常规农用无人驾驶航空器作业飞行活动。

第二十三条　国家空中交通管理领导机构统筹建设无人驾驶航空器一体化综合监管服务平台，对全国无人驾驶航空器实施动态监管与服务。

空中交通管理机构和民用航空、公安、工业和信息化等部门、单位按照职责分工采集无人驾驶航空器生产、登记、使用的有关信息，依托无人驾驶航空器一体化综合监管服务平台共享，并采取相应措施保障信息安全。

第二十四条　除微型以外的无人驾驶航空器实施飞行活动，操控人员应当确保无人驾驶航空器能够按照国家有关规定向无人驾驶航空器一体化综合监管服务平台报送识别信息。

微型、轻型、小型无人驾驶航空器在飞行过程中应当广播式自动发送识别信息。

第二十五条　组织无人驾驶航空器飞行活动的单位或者个人应当遵守有关法律

法规和规章制度，主动采取事故预防措施，对飞行安全承担主体责任。

第二十六条　除本条例第三十一条另有规定外，组织无人驾驶航空器飞行活动的单位或者个人应当在拟飞行前 1 日 12 时前向空中交通管理机构提出飞行活动申请。空中交通管理机构应当在飞行前 1 日 21 时前做出批准或者不予批准的决定。

按照国家空中交通管理领导机构的规定在固定空域内实施常态飞行活动的，可以提出长期飞行活动申请，经批准后实施，并应当在拟飞行前 1 日 12 时前将飞行计划报空中交通管理机构备案。

第二十七条　无人驾驶航空器飞行活动申请应当包括下列内容：

（一）组织飞行活动的单位或者个人、操控人员信息以及有关资质证书；

（二）无人驾驶航空器的类型、数量、主要性能指标和登记管理信息；

（三）飞行任务性质和飞行方式，执行国家规定的特殊通用航空飞行任务的还应当提供有效的任务批准文件；

（四）起飞、降落和备降机场（场地）；

（五）通信联络方法；

（六）预计飞行开始、结束时刻；

（七）飞行航线、高度、速度和空域范围，进出空域方法；

（八）指挥控制链路无线电频率以及占用带宽；

（九）通信、导航和被监视能力；

（十）安装二次雷达应答机或者有关自动监视设备的，应当注明代码申请；

（十一）应急处置程序；

（十二）特殊飞行保障需求；

（十三）国家空中交通管理领导机构规定的与空域使用和飞行安全有关的其他必要信息。

第二十八条　无人驾驶航空器飞行活动申请按照下列权限批准：

（一）在飞行管制分区内飞行的，由负责该飞行管制分区的空中交通管理机构批准；

（二）超出飞行管制分区在飞行管制区内飞行的，由负责该飞行管制区的空中交通管理机构批准；

（三）超出飞行管制区飞行的，由国家空中交通管理领导机构授权的空中交通管理机构批准。

第二十九条　使用无人驾驶航空器执行反恐维稳、抢险救灾、医疗救护等紧急任务的，应当在计划起飞 30 分钟前向空中交通管理机构提出飞行活动申请。空中交通管理机构应当在起飞 10 分钟前做出批准或者不予批准的决定。执行特别紧急任务的，使用单位可以随时提出飞行活动申请。

第三十条　飞行活动已获得批准的单位或者个人组织无人驾驶航空器飞行活动

的，应当在计划起飞 1 小时前向空中交通管理机构报告预计起飞时刻和准备情况，经空中交通管理机构确认后方可起飞。

第三十一条　组织无人驾驶航空器实施下列飞行活动，无需向空中交通管理机构提出飞行活动申请：

（一）微型、轻型、小型无人驾驶航空器在适飞空域内的飞行活动；

（二）常规农用无人驾驶航空器作业飞行活动；

（三）警察、海关、应急管理部门辖有的无人驾驶航空器，在其驻地、地面（水面）训练场、靶场等上方不超过真高 120 米的空域内的飞行活动；但是，需在计划起飞 1 小时前经空中交通管理机构确认后方可起飞。

（四）民用无人驾驶航空器在民用运输机场管制地带内执行巡检、勘察、校验等飞行任务；但是，需定期报空中交通管理机构备案，并在计划起飞 1 小时前经空中交通管理机构确认后方可起飞。

前款规定的飞行活动存在下列情形之一的，应当按照本条例第二十六条的规定提出飞行活动申请：

（一）通过通信基站或者互联网进行无人驾驶航空器中继飞行；

（二）运载危险品或者投放物品（常规农用无人驾驶航空器作业飞行活动除外）；

（三）飞越集会人群上空；

（四）在移动的交通工具上操控无人驾驶航空器；

（五）实施分布式操作或者集群飞行。

微型、轻型无人驾驶航空器在适飞空域内飞行的，无需取得特殊通用航空飞行任务批准文件。

第三十二条　操控无人驾驶航空器实施飞行活动，应当遵守下列行为规范：

（一）依法取得有关许可证书、证件，并在实施飞行活动时随身携带备查；

（二）实施飞行活动前做好安全飞行准备，检查无人驾驶航空器状态，并及时更新电子围栏等信息；

（三）实时掌握无人驾驶航空器飞行动态，实施需经批准的飞行活动应当与空中交通管理机构保持通信联络畅通，服从空中交通管理，飞行结束后及时报告；

（四）按照国家空中交通管理领导机构的规定保持必要的安全间隔；

（五）操控微型无人驾驶航空器的，应当保持视距内飞行；

（六）操控小型无人驾驶航空器在适飞空域内飞行的，应当遵守国家空中交通管理领导机构关于限速、通信、导航等方面的规定；

（七）在夜间或者低能见度气象条件下飞行的，应当开启灯光系统并确保其处于良好工作状态；

（八）实施超视距飞行的，应当掌握飞行空域内其他航空器的飞行动态，采取避免相撞的措施；

（九）受到酒精类饮料、麻醉剂或者其他药物影响时，不得操控无人驾驶航空器；

（十）国家空中交通管理领导机构规定的其他飞行活动行为规范。

第三十三条 操控无人驾驶航空器实施飞行活动，应当遵守下列避让规则：

（一）避让有人驾驶航空器、无动力装置的航空器以及地面、水上交通工具；

（二）单架飞行避让集群飞行；

（三）微型无人驾驶航空器避让其他无人驾驶航空器；

（四）国家空中交通管理领导机构规定的其他避让规则。

第三十四条 禁止利用无人驾驶航空器实施下列行为：

（一）违法拍摄军事设施、军工设施或者其他涉密场所；

（二）扰乱机关、团体、企业、事业单位工作秩序或者公共场所秩序；

（三）妨碍国家机关工作人员依法执行职务；

（四）投放含有违反法律法规规定内容的宣传品或者其他物品；

（五）危及公共设施、单位或者个人财产安全；

（六）危及他人生命健康，非法采集信息，或者侵犯他人其他人身权益；

（七）非法获取、泄露国家秘密，或者违法向境外提供数据信息；

（八）法律法规禁止的其他行为。

第三十五条 使用民用无人驾驶航空器从事测绘活动的单位依法取得测绘资质证书后，方可从事测绘活动。

外国无人驾驶航空器或者由外国人员操控的无人驾驶航空器不得在我国境内实施测绘、电波参数测试等飞行活动。

第三十六条 模型航空器应当在空中交通管理机构为航空飞行营地划定的空域内飞行，但国家空中交通管理领导机构另有规定的除外。

第四章 监督管理和应急处置

第三十七条 国家空中交通管理领导机构应当组织有关部门、单位在无人驾驶航空器一体化综合监管服务平台上向社会公布审批事项、申请办理流程、受理单位、联系方式、举报受理方式等信息并及时更新。

第三十八条 任何单位或者个人发现违反本条例规定行为的，可以向空中交通管理机构、民用航空管理部门或者当地公安机关举报。收到举报的部门、单位应当及时依法做出处理；不属于本部门、本单位职责的，应当及时移送有权处理的部门、单位。

第三十九条 空中交通管理机构、民用航空管理部门以及县级以上公安机关应当制定有关无人驾驶航空器飞行安全管理的应急预案，定期演练，提高应急处置能力。

县级以上地方人民政府应当将无人驾驶航空器安全应急管理纳入突发事件应急管理体系，健全信息互通、协同配合的应急处置工作机制。

无人驾驶航空器系统的设计者、生产者，应当确保无人驾驶航空器具备紧急避让、降落等应急处置功能，避免或者减轻无人驾驶航空器发生事故时对生命财产的损害。

使用无人驾驶航空器的单位或者个人应当按照有关规定，制定飞行紧急情况处置预案，落实风险防范措施，及时消除安全隐患。

第四十条　无人驾驶航空器飞行发生异常情况时，组织飞行活动的单位或者个人应当及时处置，服从空中交通管理机构的指令；导致发生飞行安全问题的，组织飞行活动的单位或者个人还应当在无人驾驶航空器降落后 24 小时内向空中交通管理机构报告有关情况。

第四十一条　对空中不明情况和无人驾驶航空器违规飞行，公安机关在条件有利时可以对低空目标实施先期处置，并负责违规飞行无人驾驶航空器落地后的现场处置。有关军事机关、公安机关、国家安全机关等单位按职责分工组织查证处置，民用航空管理等其他有关部门应当予以配合。

第四十二条　无人驾驶航空器违反飞行管理规定、扰乱公共秩序或者危及公共安全的，空中交通管理机构、民用航空管理部门和公安机关可以依法采取必要技术防控、扣押有关物品、责令停止飞行、查封违法活动场所等紧急处置措施。

第四十三条　军队、警察以及按照国家反恐怖主义工作领导机构有关规定由公安机关授权的高风险反恐怖重点目标管理单位，可以依法配备无人驾驶航空器反制设备，在公安机关或者有关军事机关的指导监督下从严控制设置和使用。

无人驾驶航空器反制设备配备、设置、使用以及授权管理办法，由国务院工业和信息化、公安、国家安全、市场监督管理部门会同国务院有关部门、有关军事机关制定。

任何单位或者个人不得非法拥有、使用无人驾驶航空器反制设备。

第五章　法律责任

第四十四条　违反本条例规定，从事中型、大型民用无人驾驶航空器系统的设计、生产、进口、飞行和维修活动，未依法取得适航许可的，由民用航空管理部门责令停止有关活动，没收违法所得，并处无人驾驶航空器系统货值金额 1 倍以上 5 倍以下的罚款；情节严重的，责令停业整顿。

第四十五条　违反本条例规定，民用无人驾驶航空器系统生产者未按照国务院工业和信息化主管部门的规定为其生产的无人驾驶航空器设置唯一产品识别码的，由县级以上人民政府工业和信息化主管部门责令改正，没收违法所得，并处 3 万元以上 30 万元以下的罚款；拒不改正的，责令停业整顿。

第四十六条 违反本条例规定，对已经取得适航许可的民用无人驾驶航空器系统进行重大设计更改，未重新申请取得适航许可并将其用于飞行活动的，由民用航空管理部门责令改正，处无人驾驶航空器系统货值金额 1 倍以上 5 倍以下的罚款。

违反本条例规定，改变微型、轻型、小型民用无人驾驶航空器系统的空域保持能力、可靠被监视能力、速度或者高度等出厂性能以及参数，未及时在无人驾驶航空器一体化综合监管服务平台更新性能、参数信息的，由民用航空管理部门责令改正；拒不改正的，处 2000 元以上 2 万元以下的罚款。

第四十七条 违反本条例规定，民用无人驾驶航空器未经实名登记实施飞行活动的，由公安机关责令改正，可以处 200 元以下的罚款；情节严重的，处 2000 元以上 2 万元以下的罚款。

违反本条例规定，涉及境外飞行的民用无人驾驶航空器未依法进行国籍登记的，由民用航空管理部门责令改正，处 1 万元以上 10 万元以下的罚款。

第四十八条 违反本条例规定，民用无人驾驶航空器未依法投保责任保险的，由民用航空管理部门责令改正，处 2000 元以上 2 万元以下的罚款；情节严重的，责令从事飞行活动的单位停业整顿直至吊销其运营合格证。

第四十九条 违反本条例规定，未取得运营合格证或者违反运营合格证的要求实施飞行活动的，由民用航空管理部门责令改正，处 5 万元以上 50 万元以下的罚款；情节严重的，责令停业整顿直至吊销其运营合格证。

第五十条 无民事行为能力人、限制民事行为能力人违反本条例规定操控民用无人驾驶航空器飞行的，由公安机关对其监护人处 500 元以上 5000 元以下的罚款；情节严重的，没收实施违规飞行的无人驾驶航空器。

违反本条例规定，未取得操控员执照操控民用无人驾驶航空器飞行的，由民用航空管理部门处 5000 元以上 5 万元以下的罚款；情节严重的，处 1 万元以上 10 万元以下的罚款。

违反本条例规定，超出操控员执照载明范围操控民用无人驾驶航空器飞行的，由民用航空管理部门处 2000 元以上 2 万元以下的罚款，并暂扣操控员执照 6 个月至 12 个月；情节严重的，吊销其操控员执照，2 年内不受理其操控员执照申请。

违反本条例规定，未取得操作证书从事常规农用无人驾驶航空器作业飞行活动的，由县级以上地方人民政府农业农村主管部门责令停止作业，并处 1000 元以上 1 万元以下的罚款。

第五十一条 组织飞行活动的单位或者个人违反本条例第三十二条、第三十三条规定的，由民用航空管理部门责令改正，可以处 1 万元以下的罚款；拒不改正的，处 1 万元以上 5 万元以下的罚款，并处暂扣运营合格证、操控员执照 1 个月至 3 个月；情节严重的，由空中交通管理机构责令停止飞行 6 个月至 12 个月，由民用航空管理部门处 5 万元以上 10 万元以下的罚款，并可以吊销相应许可证件，2 年内不受理其相应许可申请。

违反本条例规定，未经批准操控微型、轻型、小型民用无人驾驶航空器在管制空域内飞行，或者操控模型航空器在空中交通管理机构划定的空域外飞行的，由公安机关责令停止飞行，可以处 500 元以下的罚款；情节严重的，没收实施违规飞行的无人驾驶航空器，并处 1000 元以上 1 万元以下的罚款。

第五十二条　违反本条例规定，非法拥有、使用无人驾驶航空器反制设备的，由无线电管理机构、公安机关按照职责分工予以没收，可以处 5 万元以下的罚款；情节严重的，处 5 万元以上 20 万元以下的罚款。

第五十三条　违反本条例规定，外国无人驾驶航空器或者由外国人员操控的无人驾驶航空器在我国境内实施测绘飞行活动的，由县级以上人民政府测绘地理信息主管部门责令停止违法行为，没收违法所得、测绘成果和实施违规飞行的无人驾驶航空器，并处 10 万元以上 50 万元以下的罚款；情节严重的，并处 50 万元以上 100 万元以下的罚款，由公安机关、国家安全机关按照职责分工决定限期出境或者驱逐出境。

第五十四条　生产、改装、组装、拼接、销售和召回微型、轻型、小型民用无人驾驶航空器系统，违反产品质量或者标准化管理等有关法律法规的，由县级以上人民政府市场监督管理部门依法处罚。

除根据本条例第十五条的规定无需取得无线电频率使用许可和无线电台执照的情形以外，生产、维修、使用民用无人驾驶航空器系统，违反无线电管理法律法规以及国家有关规定的，由无线电管理机构依法处罚。

无人驾驶航空器飞行活动违反军事设施保护法律法规的，依照有关法律法规的规定执行。

第五十五条　违反本条例规定，有关部门、单位及其工作人员在无人驾驶航空器飞行以及有关活动的管理工作中滥用职权、玩忽职守、徇私舞弊或者有其他违法行为的，依法给予处分。

第五十六条　违反本条例规定，构成违反治安管理行为的，由公安机关依法给予治安管理处罚；构成犯罪的，依法追究刑事责任；造成人身、财产或者其他损害的，依法承担民事责任。

第六章　附则

第五十七条　在我国管辖的其他空域内实施无人驾驶航空器飞行活动，应当遵守本条例的有关规定。

无人驾驶航空器在室内飞行不适用本条例。

自备动力系统的飞行玩具适用本条例的有关规定，具体办法由国务院工业和信息化主管部门、有关空中交通管理机构会同国务院公安、民用航空主管部门制定。

第五十八条 无人驾驶航空器飞行以及有关活动，本条例没有规定的，适用《中华人民共和国民用航空法》《中华人民共和国飞行基本规则》《通用航空飞行管制条例》以及有关法律、行政法规。

第五十九条 军用无人驾驶航空器的管理，国务院、中央军事委员会另有规定的，适用其规定。

警察、海关、应急管理部门配有的无人驾驶航空器的适航、登记、操控员等事项的管理办法，由国务院有关部门另行制定。

第六十条 模型航空器的分类、生产、登记、操控人员、航空飞行营地等事项的管理办法，由国务院体育主管部门会同有关空中交通管理机构，国务院工业和信息化、公安、民用航空主管部门另行制定。

第六十一条 本条例施行前生产的民用无人驾驶航空器不能按照国家有关规定自动向无人驾驶航空器一体化综合监管服务平台报送识别信息的，实施飞行活动应当依照本条例的规定向空中交通管理机构提出飞行活动申请，经批准后方可飞行。

第六十二条 本条例下列用语的含义：

（一）空中交通管理机构，是指军队和民用航空管理部门内负责有关责任区空中交通管理的机构；

（二）微型无人驾驶航空器，是指空机重量小于 0.25 千克，最大飞行真高不超过 50 米，最大平飞速度不超过 40 千米 / 小时，无线电发射设备符合微功率短距离技术要求，全程可以随时人工介入操控的无人驾驶航空器；

（三）轻型无人驾驶航空器，是指空机重量不超过 4 千克且最大起飞重量不超过 7 千克，最大平飞速度不超过 100 千米 / 小时，具备符合空域管理要求的空域保持能力和可靠被监视能力，全程可以随时人工介入操控的无人驾驶航空器，但不包括微型无人驾驶航空器；

（四）小型无人驾驶航空器，是指空机重量不超过 15 千克且最大起飞重量不超过 25 千克，具备符合空域管理要求的空域保持能力和可靠被监视能力，全程可以随时人工介入操控的无人驾驶航空器，但不包括微型、轻型无人驾驶航空器；

（五）中型无人驾驶航空器，是指最大起飞重量不超过 150 千克的无人驾驶航空器，但不包括微型、轻型、小型无人驾驶航空器；

（六）大型无人驾驶航空器，是指最大起飞重量超过 150 千克的无人驾驶航空器；

（七）无人驾驶航空器系统，是指无人驾驶航空器以及与其有关的遥控台（站）、任务载荷和控制链路等组成的系统。其中，遥控台（站）是指遥控无人驾驶航空器的各种操控设备（手段）以及有关系统组成的整体；

（八）农用无人驾驶航空器，是指最大飞行真高不超过 30 米，最大平飞速度不超过 50 千米 / 小时，最大飞行半径不超过 2000 米，具备空域保持能力和可靠被监视能力，专门用于植保、播种、投饵等农林牧渔作业，全程可以随时人工介入操控的无人驾驶航空器；

（九）隔离飞行，是指无人驾驶航空器与有人驾驶航空器不同时在同一空域内的飞行；

（十）融合飞行，是指无人驾驶航空器与有人驾驶航空器同时在同一空域内的飞行；

（十一）分布式操作，是指把无人驾驶航空器系统操作分解为多个子业务，部署在多个站点或者终端进行协同操作的模式；

（十二）集群，是指采用具备多台无人驾驶航空器操控能力的同一系统或者平台，为了处理同一任务，以各无人驾驶航空器操控数据互联协同处理为特征，在同一时间内并行操控多台无人驾驶航空器以相对物理集中的方式进行飞行的无人驾驶航空器运行模式；

（十三）模型航空器，也称航空模型，是指有尺寸和重量限制，不能载人，不具有高度保持和位置保持飞行功能的无人驾驶航空器，包括自由飞、线控、直接目视视距内人工不间断遥控、借助第一视角人工不间断遥控的模型航空器等；

（十四）无人驾驶航空器反制设备，是指专门用于防控无人驾驶航空器违规飞行，具有干扰、截控、捕获、摧毁等功能的设备；

（十五）空域保持能力，是指通过电子围栏等技术措施控制无人驾驶航空器的高度与水平范围的能力。

第六十三条　本条例自 2024 年 1 月 1 日起施行。

结　语

　　无人机作为创新技术发展的产物，其迅猛发展极大带动了相关科学技术的发展，激发了人们对技术创新、应用创新的探求。广大人民群众将无人机技术与其他新技术结合迸发出人们之前从未想到过的各种新奇应用，极大活跃了无人机市场，使我国迅速成为全球最大的无人机市场，并引领世界民用无人机发展方向和趋势。技术有两面性，既会带来生产力的提升、生产方式的变革，也会带来新的安全隐患。新技术带来的安全隐患，总是在出现后才能引起管理方的被动反应。这些反应或会促进该行业规范、有序发展，或会阻碍该行业的发展。如何权衡安全与发展，是管理方必须面对的问题。

一、旧有制度部分内容与民用无人机发展之间存在张力

　　民用无人机虽有诸多特点不同于通用航空，但依其航空器的基本属性而势必受到通用航空规定的管理，这也为日后其法律运用合理性问题埋下隐患。法律反映立法者对调整对象的认识，反之立法者对调整对象的认识也深刻影响着立法结果。〇在无人机的立法设计中，面对其带来的前所未有的风险，立法主体在全面感受和分析社会失范现象后，制定了专门性高位阶立法，即《暂行条例》，明确了针对无人机规制的顶层设计并对旧有制度进行了一定程度的突破，但其管理手段、行政、司法法律等适用性仍然很大程度上参照通用航空规定。如此根据载人航空器的通用规定进行法律适用，会导致在法律适用的实践中多有不妥之处。〇

　　若单从无人机的航空器基本属性来看，专门性立法与法律适用部分沿袭通用航空管理规定并无不妥，但我国无人机真正大范围普及应用在 2012 年以后，而《民用航空法》《通航规则》《飞行基本规则》等高位阶立法在当时的立法设计中受技术发展影响，并未考虑到无人机会高速发展投入民用并形成社会问题，故在上位法规中很难寻找到专门规制无人机的条款，甚至部分通用航空规定与无人机特性相悖。

　　〇 刘海鸥，贾韶琦. 政府和社会资本合作（PPP）立法的美国镜鉴与启示 [J]. 财经理论与实践，2020，41（03）：155-160.
　　〇 杨丽娟，于一帆. 科技行政法视角下我国民用无人机的法律规制问题研究 [J]. 科技管理研究，2018，38（17）：48-53.

具体而言,《民用航空法》作为民航法律体系中最高位阶的法律,由于立法时间早在 1956 年,在立法之初还无意识将无人机纳入其法律规制范围,2018 年最新一次修订情况有所改善,但也仅是增加了授权立法的规定,增添了除外条款。《通航规则》中第九条有关空域申请和飞行审批的规定非常明确,符合载人飞机计划性的特点,对于部分大机型无人机适用也具有一定合理性,但在执行当中基本采用"一事一报批"的方式,一般需要经过 3 个审批层级,5～6 个环节,共涉及民航 5 个部门和军方 5 个部门,程序十分烦琐,完全背离无人机便捷性特征。《飞行基本规则》中第三十五条规定的飞行审批报备程序,同样限制了无人机的使用,成为行业发展的"制度门槛"之一。由此可见,民用航空高位阶法律诞生之初便是为计划性、集中性更强的载人航空服务的,在立法时便未考虑无人机的不同特性。

具体而言,旧有监管制度与无人机的张力有四。第一,产品上存在"商业计划性"与"娱乐便携性"之间的张力,该种张力也可理解为功能固化与功能非固化的张力。载人飞机在生产制造过程中基本已经固化了其有限的功能,表现出高度的商业性和计划性,加之其运行时间长、距离远、批次多、规律性强,对起降场地等基础设施有较高的要求,运行时更是需要跨行政区域甚至国边境,为此制度设计要求其运行时按照空中交通管制单位指定的航线和高度飞行,管理机关也采取了垂直管理体制以适应载人飞机商业计划性特征。而在《2019 年中国民用无人机发展报告》中可以看出,航空摄影仍然是无人机行业应用最多的领域,国内主流的制造商中有超过 43% 都在从事专业航拍设备的生产,作为大众眼中"会飞的摄像机",无人机的发展方向愈加趋向轻量化、低门槛,具备更多的娱乐性质,随取随用基本是常态。大多无人机自身拥有一定任务载荷,可搭载红外、光电、激光、扬声器等多种工具以适应不同场景特征,其功能属性并不固定,对于航线、起飞场地等基础设施的需求也远不及载人飞机。

第二,制度上存在"集中公用性"与"分散私用性"的张力。该种张力继承自传统公共航空运输与通用航空的矛盾。传统公共航空运输具有很强的集中公用性,其资源集中于六大骨干航空公司和部分区域性航空公司,加之其有着作为国民经济现代化的基础性架构的重要地位,在发展历程中一直有着巨大的资金支持与政策倾斜,由于涉及重大且普遍的公共利益,更是赋予管理机关构建规制体系时侧重保障运输效率与安全以较强的正当性。反观具有分散私用性的通用航空,其整体规模在民用航空产业中所占比重较低,2017 年实际运营的公司仅有 270 家,且通用航空飞行小时数仅占运输航空飞行 1059 万小时中的 7.9%。无论在飞机数量、产业规模还是在应用实践中,通用航空均表现出"发育不良"的特征,而基于该客观现状建立起来的民用航空法律体系,自然将重心放置于市场占比大且公共服务职能更为

○　王若源. 论中国通用航空行业管理法律体系的构建 [J]. 北京航空航天大学学报(社会科学版),2018,31(05):63-68.

突出的公共航空运输，贴近其集中性与公用性的特点制定飞行规则，这无疑相对增加了通用航空的制度成本且制约了其行业发展，而该种张力也随着分散私用性更加突出且市场占比较小的无人机的加入而愈发凸显。

第三，产业上存在"成熟性"与"发展性"的张力。一方面，无人机生产公司资本相对较少，但是发展十分迅速。以大疆公司为例，其五年内公司市值增长了五倍之多，而载人飞机资本市场相对平稳，但经济体量却要远高于无人机公司。另一方面，传统载人飞机的机型少，一种机型通过审批后可以一直生产数十年，仅会在非主体部分进行改型。如波音737机型，该款机型最初于1967年交付，后续出现多款改型机型且至今仍在使用。相应的，其适航标准、法律法规相对稳定且应用在新型载人飞机上也未显滞后。与之相反，无人机属于近些年才出现于公众面前且处于蓬勃发展中的新技术，其发展速度快、迭代周期短，许多技术型标准与法律规范仍处于缺位状态，仅能勉强适用通用航空规定，被诟病为"立法与决策远远落后于技术"。旧有制度如飞行审批与禁飞区域划设过度严格，甚至倒逼无人机生产厂商采用"一刀切"政策，放弃掉前景巨大的区域市场，严重阻碍了无人机行业发展。

第四，法益侵害性上存在"单一性"与"耦合性"的张力。不论何种航空器，只要具备航空器基本属性，那么其所能侵害的法益便是相同的，但载人飞机时代并未出现类似当前管理中的种种困难，这很大程度上是由无人机法益侵害耦合性特征造成的。航空器运行中所涉法益包括由军方管理的空域管理法益、民航局管理的航空器管理和航空器驾驶员管理法益等这几种法益均由法律授权给上述部门进行管理，属于分工明晰、权属清楚的中央事权。在长期以来的运行中配合清楚、管理流畅，这是因为载人飞机违法飞行多是单一地侵害上述法益中的某一项，极少出现同时侵犯复数以上法益情形，故管理机关能够按照制度设计各司其职流畅运行。而无人机的违法情形多是同时侵犯复数以上法益，表现出法益侵犯的高度"耦合性"，各管理机关厘清权责的难度大大提升，原本流畅的配合模式无法顺利运行，进而被诟病为多头管理、权责不明，这也可以看作为旧有制度无法适应无人机特性的直观表现。

二、《暂行条例》出台后无人机产业面临发展机遇

《暂行条例》的出台是全面推进依法治国总体格局的组成部分，完善了中国特色社会主义法治体系，回应了人民群众对美好生活的向往，为消费者明示了合法飞行的要求，理顺了发展与管理的关系，促进无人机产业有序发展。

原则是行事所依据的准则，《暂行条例》的出台达到规制原则与具体方案的统一。具体而言，民用无人机法律规制原则有三，分别是兼顾产业发展与全面监管原则、平衡飞行自由与飞行安全原则、"奥卡姆剃刀"原则。

其一，兼顾产业发展与全面监管原则。我国民用无人机发展速度与质量均处于

全球领先地位，但这种领先是暂时的，迅速迭代的技术加上多个外国巨头企业宣布进军无人机市场，可以预见未来市场竞争必将更加激烈。在如此大背景下，国内无人机企业亟须巨大的资本支持和高频的用户使用，故从产业发展角度来看，过度严格的监管和审批势必会打压本土企业发展，进而失去支持企业发展的用户与领先地位。长远来看，不仅不利于国内头部企业的持续活跃，更会持续削弱国家竞争力。因此在低空经济方兴未艾、无人机人均持有率不高的背景下，为了保证低空经济和无人机产业的长效发展，现有法律制度与管理措施需要对无人机的容忍程度保持一个较高的阈值。值得注意的是，监管手段不能过度严格与全流程监管并无冲突，对无人机进行法律规制必须秉持源头意识，自产品生产交付至回收报废，对整个产品生命全过程进行全链条式监管，才能保障无人机整个生命周期的运行情况不出差错。

其二，平衡飞行自由与飞行安全原则。无人机的法律规制确实需要发挥一定的管制作用，但在多部专门立法中将飞行安全管理作为立法目的，很大程度上忽视了飞行自由。从公共安全角度看，重视飞行安全不无道理，无论无人机的正常飞行活动还是作为违法犯罪手段的一环，其表现出的法益侵害可能性不容忽视，采用类似美国"最少限制原则"这类过度自由的规制理念确实无法阻止危险的发生，因此在飞行自由与飞行安全之间寻找到平衡点，是助力无人机在法律框架下蓬勃发展的关键一环。

其三，"奥卡姆剃刀"原则。在立法实践当中面对新技术发展自主性、自足性领域、方式、机制，应当克制和谦抑，这是立法作为法律规范产出和优化的专门政治法律实践活动的特殊规定性的内在必然。[一] 无人机技术发展日新月异，需要制度规制，但部分新制度设计过于缜密复杂会为未来制度的可行性埋下隐患，面对发展中的无人机，其制度设计应当以现有工业生产技术水平为基础，同时寻找到技术进步速度与制度设计的平衡点，给技术向前发展留足必要的空间。但法律有其固有的滞后性，该特性在面对迅速迭代升级的产品表现尤甚，为保障法律有着较长时间的指导性，其标准不宜制定的过度繁杂。奥卡姆剃刀定律由 14 世纪英格兰的逻辑学家、圣方济各会修士奥卡姆的威廉提出，其核心是"如无必要，勿增实体"，即"简单有效原理"。[二] 从无人机领域来看，在当前的条件下，简单的规制方案优于繁杂的规制方案，如此才能尽量缩减用户端的复杂操作流程，减少监管重叠或监管疏漏的情况，同时降低制度门槛，在使用者层面尽量做到"去专业化"，最终让无人机真正飞得起来。

[一] 韩忠伟，段海龙.新《立法法》第 6 条的立法设计功能之解析 [J]. 天津法学，2018，34（01）：54-60.

[二] 李亚凝.无人机分类与法律规制——兼评《无人驾驶航空器飞行管理暂行条例（征求意见稿）》[J]. 中国应用法学，2019（06）：24-40.

三、低空智联网助力低空经济发展

低空空域是我国改革开放以来唯一一个未被充分开发的国家资源。这有很多因素，其中低空智联网的完善是低空经济高速发展的前提。

"要想富、先修路"，汽车产业的发展离不开道路设施的建设、智能交通系统的发展以及交通法律法规、交通规则的完善。陈志杰院士在第十三届中国国际航空航天博览会指出："传统空中交通管理手段和通航飞行规则将不再适用于城市空中运输。"⊖ 樊邦奎院士于 2021 年在中国电子信息技术年会上指出："低空智联网是产业化最重要的发展基础，是发展低空经济重要的配置要素。"⊜

低空智联网是指在低空空域（通常指真高 1000 米以下，具体依据不同地区需求而定）融合运用网络化、数字化和智能化技术构建的智能化数字网络体系⊜。

《暂行条例》第四条规定：国家空中交通管理领导机构统筹建立无人机综合监管服务平台；第二十二条又提出有人机、无人机融合飞行的条件。因而，低空智联网应统筹规划无人机空管顶层设计，既要探测识别低空无人机，也要探索解决无人机空管对空监视、空域规划、运行标准、感知避让、指挥通信、管理服务等重难点问题。

国际民航组织于 1993 年公布了《新航行系统全球过渡协调计划》提出"新航行系统"并成为各成员国遵照实施的统一大系统，该系统构成空天地一体化的通信、导航、监视、管制系统，为各国民航飞机的全球运营提供服务。为了将无人机整合到现有的空中交通管理系统中，应当建立整合通信和传感能力的全球统一标准并逐渐成为被无人机行业和国际民航组织接受的低空新导航系统，同时逐步融入各国现有空域活动中并成为"新航行系统"的一部分。

公安大学低空安全研究中心于 2021 年在 3GPP 国际组织会议上提出通信感知一体化搭建低空智联网的技术提案，指出 5.5G、6G 通信感知一体化技术既可以满足低空无人机的大带宽通信需求，实现载荷数据的实时回传和无人机的实时控制；又可以实现低空连续探测、感知非合作无人机入侵管制空域。

我们也认为 5.5G 至 6G 通信感知一体化是趋势，其中感知能力类似雷达的感知能力，可以在传播过程中接收受到周围环境影响的无线电信号，可以为低空智能网络提供感知能力。基于通信感知的低空智联网既可以提供网络化的空中交通数字化转型，也是低空经济的新型基础设施，在中国如果能够得到实践和推广，有可能

⊖ 陈志杰 . 应加快城市低空基础设施建设 [EB/OL] .（2021-09-28）.
https：//baijiahao.baidu.com/s?id=1712160227219649637&wfr=spider&for=pc.
⊜ 樊邦奎 . 无人机产业急需低空智联网 [EB/OL] .（2021-4-19）.
https：//baijiahao.baidu.com/s?id=1697428221784834321&wfr=spider&for=pc.
⊜ 樊邦奎、李云、张瑞雨 . 浅析低空智联网与无人机产业应用 [J]. 地理科学进展，2021，40（9）：1441-1450.

会成为全球统一标准的"新航行系统"。

　　推动低空经济的快速发展，主要在于"市场、空域、政策、技术、安全"五个核心要素，概括起来即"市场是根本、空域是关键、政策是保障、技术是支撑、安全是底线"○。作为低空经济的新生力量，无人机的快速发展也让城市低空安全防范需求日益紧迫。由于城市具有复杂的社会地理环境和空间电磁环境，而无人机防御系统技术缺陷以及系统广泛应用成本控制等诸多因素影响，使得城市低空安全防范困难重重。为适应无人机快速发展的趋势，有效保证飞行安全，急需充分利用先进的空管信息技术，借鉴国内外军民航空管系统建设运行经验，深入研究无人机融入现有空管体系的方法策略。我们认为利用通信感知一体化技术探索城市低空空管技术架构、运行概念和发展路线图，推动低空智联网成为全球统一标准的"新航行系统"，有利于在城市环境下权衡无人机的安全与发展，并利用这些技术以及依托这些技术实现低空新基建，逐渐服务我国低空经济发展。

　　○　范恒山.发展低空经济对我国经济社会产生积极影响 [EB/OL].（2022-2-21）.
http：//finance.people.com.cn/n1/2022/0221/c1004-32356313.html.